〔改訂版〕

超基礎
日本語教育

森篤嗣 [編著]
太田陽子　奥野由紀子　小口悠紀子　嶋ちはる
中石ゆうこ　栁田直美 [著]

くろしお出版

はじめに

　本書は大学に入学したばかりの日本語教育主専攻・副専攻の1年生を対象として、日本語教育の基礎の基礎（超基礎！）を知ってもらうために2019年に初版を刊行しました。本書はその改訂版です。本書の特色は「日本語教育を知る」ことだけで終わるのではなく、半期15回の授業で「模擬授業をやってみる」ところまで進める点にあります。

　2019年6月に「日本語教育の推進に関する法律」が成立し、その流れで2023年5月の「日本語教育機関認定法」に基づき、2024年4月から日本語教師が「登録日本語教員」という国家資格になりました。日本語教育は大きな変革期を迎えています。そのような状況の中、まずみなさんに「日本語教師という仕事を知って欲しい」と考えています。それは日本語教師はやりがいのある仕事ですが、学校の先生ほど広く知られているわけではないからです。したがってまずは知っていただき、続いて「日本語教育という仕事の面白さを「やってみて」実感して欲しいという思いがあるのです。

　実際には教壇に立つまでは身につけなければいけない知識や技術は山ほどあります。もちろん、日本語教師になるために必要な知識を地道に積み上げていくことはとても大切なことなのですが、「教える面白さ」にたどり着く前に、日本語教師への道をあきらめてしまう人がいることはとても残念に思います。

　授業は"ライブ"です。そして、日本語教育（特に初級）は「あまり言葉が通じない」ということを前提におこなわれますので、オーバーアクションで、ジェスチャーで、表情で、全身を使って伝えることが求められます。したがって日本語教育を知ってもらうために、「伝えることの面白さ」をできるだけ早く体験してみて欲しいという願いを込めて本書を作成しました。

　本書は日本語教育の入門書でありながら、文法などに代表される言語の構造に関する内容にはほとんど触れていません。日本語を教えるためにいくつかの例としては挙げてありますが、あくまで「まずは教えてみる」ことを目指した日本語教育の「超基礎」となっています。もちろん、文法などの言語の構造に関することをおろそかにしてよいと考えているわけではありません。ただ、「ま

ずは日本語教育を体験してみて欲しい」という強い願いがあり、こうした思い切った構成にしました。

　執筆に関わった 7 人は、私も含めて全員が日本語教師です。そして、日本語教育が持つ「伝えることの面白さ」を経験して、その魅力のとりこになった人間でもあります。日本語教師は言語も扱いますが、まずは「伝える人（教師）」と「伝えられる人（学習者）」という人間ありきだと思います。

　「まずは日本語を教えることを体験してみよう！」これが著者一同からのメッセージです。あなたが日本語を教えることの楽しさに気づき、私たちの仲間になってくれることを強く願っています。

2025 年 2 月

編著者　森 篤嗣

目　次

本書の使い方 … 8

第1章　日本語教育とは … 12

1. 日本語教育は、国語教育と英語教育どちらに近い？ …………………… 12
2. 日本語教育と国語教育の共通点と相違点 ………………………………… 13
3. 日本語教育と英語教育の共通点と相違点 ………………………………… 14
4. まとめ ……………………………………………………………………… 17

コラム01　日本語教師に向いている人 ………………………………… 19

第2章　日本語学習者とは … 20

1. 海外における日本語学習者 ………………………………………………… 20
2. 日本国内における日本語学習者 …………………………………………… 22
3. 留学生 ……………………………………………………………………… 23
4. 外国人労働者 ……………………………………………………………… 24
5. 日本語指導が必要な児童・生徒 …………………………………………… 26
6. まとめ ……………………………………………………………………… 27

コラム02　外国人看護・介護人材のための日本語教育 …………… 29

第3章　日本語教師とは … 30

1. 日本人なら誰でも日本語を教えられる？ ………………………………… 30
2. 日本語教師の国家資格「登録日本語教員」とは ………………………… 32
3. 「登録日本語教員」の資格を取得するために …………………………… 33
4. 日本語教師の職場と雇用 …………………………………………………… 34
5. まとめ ……………………………………………………………………… 36

コラム03　日本語教師は英語がペラペラ？ ………………………… 38

第4章　日本語能力の測定と試験 … 39

1. 「ペラペラ」とはどういう状態か？ ……………………………………… 39
2. 能力の測定に必要な「妥当性」と「信頼性」…………………………… 40
3. 日本語能力試験（JLPT）と日本留学試験（EJU）の概要………………… 40
4. 日本語能力試験の問題を分析してみよう………………………………… 41

5. 日本語教育の参照枠 ·· 46

6. まとめ ·· 46

コラム 04　日本語教育文法 ·· 48

第5章　コースをデザインしよう ···49

1. あなたならどんなコースを作る？ ································· 49

2. 学習者のことを知ろう ·· 49

3. 教える機関について知ろう ····································· 50

4. コースの目標と評価方法（テスト）を決めよう ·········· 51

5. 教材について考えよう ·· 53

6. 何をどの順番で教えるかを考えよう ······················ 54

7. まとめ ·· 57

コラム 05　日本語学習者の多様性と教師の役割 ········· 59

第6章　さまざまな教授法 ···60

1. さまざまな外国語教授法 ·· 60

2. 直接法と間接法 ··· 63

3. 教授法の最近の傾向 ·· 64

4. まとめ ·· 66

コラム 06　先生が話さない教室 ·· 67

第7章　学習レベルと教材・教具 ···68

1. いろいろな教材・教具 ·· 68

2. 日本語教育のレベル分けと教材 ····························· 69

3. 初級総合教科書の内容と構成 ································· 73

4. 教材分析 ·· 76

5. オンライン教材 ··· 77

6. まとめ ·· 78

コラム 07　「レベル」判断の難しさ ·································· 80

第8章 学習者の目から日本語を見てみよう ... 81

1. 日本語学習者の誤用 81
2. 星がムカムカ光っている ―オノマトペ 82
3. ペンを鉛筆に替わる ―自動詞・他動詞 83
4. 私は明日、学校にきない ―動詞の活用 84
5. まとめ 87

コラム 08 あなたの「日本語教育」が目指すものとは 88

第9章 ティーチャートークとやさしい日本語 ... 89

1. 日本語を日本語で教えるための工夫 89
2. ティーチャートークの特徴 90
3. 教室談話の構造 91
4. フィードバック 92
5. ティーチャートークを社会で活かす―「やさしい日本語」 93
6. 「やさしい日本語」の形 95
7. まとめ 96

コラム 09 やさしい日本語は不自然な日本語？ 98

第10章 教室でのやりとりと学習者へのフィードバック ... 99

1. 教室における教師の役割は？ 99
2. 教室での教師と学習者のやりとり 100
3. 学習者同士のインターアクション 101
4. 学習者の誤用に対する教師の対応とその重要性 102
5. 訂正フィードバックに対する学習者の反応 105
6. まとめ 106

コラム 10 私が日本語教師を目指すまで 107

第11章 授業の流れを考えてみよう ... 108

1. 日本語の授業と教案作成 108
2. 教案には何を書く？ 109
3. 授業の大きな流れを考えよう 110
4. 「文型ベース」の授業の流れと展開 110
5. 「タスクベース」の授業の流れと展開 111
6. どんな学習者に向いているか 114

| 7. まとめ | 115 |
| コラム 11　イラスト教材をたくさん使う先生はいい先生なのか？ | 117 |

第12章　〈実習①〉日本語授業の見学 … 118

1. 授業見学の前に	118
2. 授業観察のポイント	119
3. 授業観察をしてみよう	121
4. まとめ	122
コラム 12　マイノリティ経験の重要性	124

第13章　〈実習②〉模擬授業の準備 … 125

1. 授業はお芝居に似ている?!	125
2. 授業を設計しよう	126
3. ロールプレイを活用しよう	127
4. 授業の流れを考えよう	129
5. まとめ	131
コラム 13　信頼関係（ラポール）形成の重要性	132

第14章　〈実習③〉模擬授業の実践とふり返り … 133

1. 実践に挑戦しよう	133
2. ふり返りの意義	135
3. 協働としてのふり返り	136
4. ふり返ってみよう	137
5. まとめ	138
コラム 14　日本語教育的マインドの活用	139

第15章　これからの日本語教育 … 140

1. 日本語教育の「教育」とは何か	140
2.「教える人」から「育つことの支援者」へ	141
3. 教師の役割と教室の雰囲気	144
4. これからの教師に求められるもの	145
5. まとめ	147
コラム 15　日本語教師のスキルのさらなる活用の可能性	149

用語集 … 150　　**付録** … 158　　**著者紹介** … 162

本書の使い方

本書の対象者

本書は、以下の人が対象です。

- ○ これから日本語教育を学ぶ人
- ○ 日本語教育に興味がある人
- ○ ボランティアで外国人に日本語を教えてみたい人
- ○ 海外留学で日本語の Teaching Assistant（TA）やランゲージエクスチェンジ
  をする機会のある人

また、主に大学の授業では、

- ○ 日本語教育に関する初めての授業（「日本語教育概論」など）を受講する
  日本語教育主専攻・副専攻の大学1年生

を対象者として想定しています。

ただし、一般的な概説書とは異なり、文法など言語の構造に関する内容は独立しては取り上げず、模擬授業を含めた「教育」の側面を強く志向したテキストとなっていますので、

- ○ 大学2年生の教育実習系の授業（「日本語教育実習の基礎」など）

にも使っていただけます。

各章の内容

本書で学ぶ内容は大まかに4つのセクション・段階に分かれています。

■第1章〜第4章	日本語教育そのものや、日本語教師、日本語学習者、試験など日本語教育に関連する基礎的な知識を学ぶ。
■第5章〜第11章	具体的な授業の進め方、教案の書き方、教材についてなど日本語教育の技術を学ぶ。
■第12章〜第14章	＜実習＞日本語の授業を見学や模擬授業を通して実際に体験してみる。
■第15章	これからの日本語教育と日本語教師としてのキャリアについて考える。

「はじめに」でも述べたように、本書は文法など言語の構造に関する知識の詳細には立ち入らず、まずは日本語の模擬授業を体験してみるところを最短距離で目指すという点が特徴です。したがって、第1章から第11章についても、知識や技術を学ぶとしながらも、常に「授業」や「学習者」という教育現場の状況を意識するようにしてください。

For teachers
☞ **本書で授業をする際のポイント**：授業を進める際には、本書だけではなく、「留学生の対話パートナーをする」ことや「日本語学校に見学に行く」など、さまざまなアプローチで日本語教育に関係する場に関わるように促していただければ、より良い相乗効果が得られると思います。また、本書を学習したあとに、国内・海外で日本語教育実習が予定されている場合は、その教育実習機関の特性に応じたアドバイスをしていただければ、より効果的な模擬授業になるかと思います。

各章の構成

本書に収められた全15章はそれぞれ下記の順序で構成されています。

「この章のポイント！」「キーワード」

➡「1. 節：本文」「課題1」➡「2. 節：本文」「課題2」➡…(節の数は各章で異なります)

➡「まとめ」➡「もっと知りたい人へ」➡「コラム」

「この章のポイント！」「キーワード」について

「この章のポイント！」では、背景的知識とその章で考えてほしい「ねらい」が示されています。学習を始める前に、その章でどのようなことを学ぶのか、あらかじめ全体像が把握できるようにしてあります。授業の前に確認しましょう。

「キーワード」は、その章の重要なキーワードが挙げられています。キーワードのうち、日本語教育にとって特に重要な語は、巻末の「用語集」に収録していますので、そちらもご参照ください。また、授業のあとには復習として確認しましょう。

For teachers
☞ **本書で授業をする際のポイント**：「この章のポイント！」は、学生の予習として活用するほか、授業導入のウォーミングアップとして雑談的に学生に投げかけてみることでスムーズにその日の授業内容に入っていけます。「キーワード」は、学生の復習に活用するほか、学生の理解内容を確認するために、口頭や記述(確認テストや期末テスト)でキーワードの説明ができるか問うてみるという使い方もできます。

「課題」について

本書は**アクティブ・ラーニング**で授業が行えるように設計されています。**ワークシート**はこちらから**ダウンロード**してご使用いただけます。

超基礎 website：http://www.9640.jp/books_1001/

課題には個人で取り組む課題とグループで取り組む課題があります。

- **課題1** このマークがある課題は、個人で取り組む課題です。
- **課題1** このマークがある課題は、(授業では)周囲の人と話し合ったり、グループワークで行うことを推奨する課題です。

 「ヒント」では課題に取り組む際に、課題の背景や解決の手がかりなどを示しています。

 課題で使用するワークシートがダウンロードできます。

For teachers
本書で授業をする際のポイント ：授業ではワークシートをダウンロードしてご使用ください。時間に余裕がある場合には、まず個人で考えてアイディアを用意してからグループで話し合うように指示するとより効果的です。また、グループは常に同じメンバーではなく、シャッフルしてできるだけ多様な組み合わせになるように工夫することをお勧めします。さまざまな人に自分の考えを伝えるということそのものが、日本語教育を行っていく上でのトレーニングになります。

「もっと知りたい人へ」について

各章末に「もっと知りたい人へ」を設け、本書の内容を専門的に深めていく際に推奨する文献を挙げています。比較的入手しやすく、理解しやすいものを中心に挙げています。ぜひ図書館や書店で探してみて、手にとっていただければと思います。

「コラム」について

各章末に「コラム」も用意しています。各章の本文の内容と必ずしもリンクしているわけではありませんが、ゆるやかな関係性を持たせています。コラムでは各執筆者の日本語教育実践や研究で得た知見を、わかりやすく解説しています。

For teachers

☞ 本書で授業をする際のポイント：授業で各課題を行う際に、個人もしくはグループの作業速度の差が生じて時間をもてあましてしまったときなど、「コラムを読んでおいてください」と使うのもよいでしょう。さらには、コラムを「課題」として、読んだ感想を話し合わせたり発表させたりという活動も可能です。

「用語集」について

　巻末には「用語集」を用意しています。日本語教育について知るために欠かせない 92 語が収録されています。本書の予習・復習はもとより、日本語教育に関するほかの授業でもわからない用語があればここを見てみて、該当するページをチェックしてみましょう。

　日本語教育の知識が深まったときにもう一度この「用語集」をチェックしてみると、日本語教育を学び始めたばかりのときと、また違った見え方がするかもしれません。いつか自分がこれらの用語を説明する側に回る可能性も考えて、理解に努めてください。

個人で学ぶ場合／授業で学ぶ場合

　本書は基本的に大学の授業で使うことを想定して編集されていますが、独学として個人で学ぶことも可能です。

▶個人で学ぶ場合

　個人で学ぶ場合には、ただ単に「読む」のではなく、疑問に思った点や興味を持った点を先生や先輩に聞くなど、能動的な読みのきっかけにすることを意識してほしいと思います。複数のメンバーで学ぶ場合は、あらかじめ読む章を決め、自由に討論などするとさらに効果的でしょう。

▶授業で学ぶ場合

　日本語教育の現場における授業は、対象となる学習者や、行われる機関などの環境、そしてなんといっても日本語教師の個性で大きく変わってきます。学生は受け身で授業を聞くのではなく、講師の方を「日本語教師の先輩」だと思って、積極的に質問をして学んでいってほしいと思います。

For teachers

☞ 本書で授業をする際のポイント：授業では、講師の方ご自身の日本語教育の経験談を含めて解説してもらえるとより深まる授業になると思います。

第1章 日本語教育とは

> **この章のポイント！**
>
> 日本語教育とは「外国人に日本語を教えること」に関する分野です。とはいっても、実は皆さんは日本語教育を受けたことも、見学したこともないと思います。そこでこの章では、皆さん自身が小学校・中学校・高等学校で経験した言語教育（国語教育や英語教育）と比較しながら、「言語を学ぶこと」をふり返ってもらい、「言語を教えること」を知るきっかけをつかんでほしいと思います。
>
> ☑ **キーワード**
> 国語教育、英語教育、目標言語、教授言語、教育の目的、教師の立場

1. 日本語教育は、国語教育と英語教育どちらに近い？

まず、考えてみてほしいことがあります。それは外国人に日本語を教えるという日本語教育は、皆さんが学校教育で経験してきた教科で言えば、国語（母語話者に対する母国語（公用語））と英語、どちらに近いでしょうか？

教師と生徒の関係、目標言語（学習する言語）や教授言語（教師が教えるときに使う言語）、教育の目的の違いなどを中心に考えてみましょう。

 課題1

日本語教育は、国語と英語のどちらに近いと思いますか？ まず、自分自身でワークシートを埋めてから、目標言語、教授言語、教育の目的などの観点について、周りの人やグループで話し合ってみましょう。

2. 日本語教育と国語教育の共通点と相違点

　次に、日本語教育と国語教育を比べてみましょう。日本語教育と国語教育は日本語を対象とする言語教育であるという点では共通していますが、それ以外の部分では、かなり異なります。もちろん、「漢字の読み書き」といった言語知識に関する内容であれば、日本語教育と国語教育にも共通点はあります。しかし、日本語教育においても国語教育においても漢字の読み書きは、ごく一部の内容でしかありません。

　では、教育の目的という点ではどうでしょうか。日本語教育と国語教育では大きく異なる点があります。この点を考えてみてほしいと思います。まず、皆さんが受けてきた国語教育の目的は何でしょうか。

　国語科に限らず学校教育の内容については、学習指導要領によって決められています。ここでは、国語教育の目的と内容を知るために、中学校国語科の学習指導要領を見てみましょう。

中学校学習指導要領　国語科の目標

第1　目標
　言葉による見方・考え方を働かせ，言語活動を通して，国語で正確に理解し適切に表現する資質・能力を次のとおり育成することを目指す。
　(1)　社会生活に必要な国語について，その特質を理解し適切に使うことができるようにする。
　(2)　社会生活における人との関わりの中で伝え合う力を高め，思考力や想像力を養う。
　(3)　言葉がもつ価値を認識するとともに，言語感覚を豊かにし，我が国の言語文化に関わり，国語を尊重してその能力の向上を図る態度を養う。

文部科学省「中学校学習指導要領(平成 29 年告示)解説　国語編」より

　いかがでしょうか。自分自身が児童・生徒として受けてきた国語教育は、このような目標の下に行われてきたのです。

次に、中学校国語科の内容についても確認してみましょう。

中学校学習指導要領　国語科の内容

〔知識及び技能〕の内容
　(1) 言葉の特徴や使い方に関する事項
　(2) 情報の扱い方に関する事項
　(3) 我が国の言語文化に関する事項
〔思考力，判断力，表現力等〕の内容
　A　話すこと・聞くこと
　B　書くこと
　C　読むこと

文部科学省「中学校学習指導要領（平成 29 年告示）解説　国語編」より

　およそこのような内容になっています。言語知識と言語 4 技能(話す、聞く、書く、読む)を教えるという点は、日本語教育と共通するといってよいでしょう。言語文化に関しても、日本語教育でも扱います。両者はまったく違うわけではないのです。

　しかし、学習指導要領はともかく、皆さんが経験してきた国語の授業が、そのまま外国人に対する日本語教育として通用するということはありません。この点について考えてみましょう。

3. 日本語教育と英語教育の共通点と相違点

　さらに、日本語教育と英語教育も比べてみましょう。実は外国人に対する日本語教育は、外国語教育であるというくくりで考えると、英語教育との共通点の方がむしろ多いとも言えます。

　また、英語教育は小学校、中学校、高等学校、大学でその目的も内容も異なりますし、方法もかなり異なります。小学校では英語に親しむこと、中学校、高等学校では英語の知識を身につけること、大学では英語が使えるようになることなどの違いがあるのではないでしょうか。皆さんにはそうした実感はあるでしょうか。

　その意味では、小学校から高等学校までの国語科の「変化のなさ」の方が不

14

思議なほどです。授業形式も問題形式もほとんど変わりません。

　それでは、国語科と同じように中学校外国語科（英語）の学習指導要領を見ておきましょう。

中学校学習指導要領　外国語科の目標

第1　目標

　外国語によるコミュニケーションにおける見方・考え方を働かせ，外国語による聞くこと，読むこと，話すこと，書くことの言語活動を通して，簡単な情報や考えなどを理解したり表現したり伝え合ったりするコミュニケーションを図る資質・能力を次のとおり育成することを目指す。

(1)　外国語の音声や語彙，表現，文法，言語の働きなどを理解するとともに，これらの知識を，聞くこと，読むこと，話すこと，書くことによる実際のコミュニケーションにおいて活用できる技能を身に付けるようにする。

(2)　コミュニケーションを行う目的や場面，状況などに応じて，日常的な話題や社会的な話題について，外国語で簡単な情報や考えなどを理解したり，これらを活用して表現したり伝え合ったりすることができる力を養う。

(3)　外国語の背景にある文化に対する理解を深め，聞き手，読み手，話し手，書き手に配慮しながら，主体的に外国語を用いてコミュニケーションを図ろうとする態度を養う。

文部科学省「中学校学習指導要領（平成29年告示）解説　外国語編」より

　先ほどは中学校では、英語に関する知識を身につけることが主な目的であると述べましたが、学習指導要領の目標では、知識に関するのは(1)だけで、全体としてコミュニケーションが前面に押し出された形になっています。

　実際、学校によってはコミュニケーション主体の英語の授業が行われているところも多々あります。ただ、中学校から英語が本格的に始まる場合は、どうしても中学校は基礎的な知識の習得に偏りがちです。2020年に小学校での英語教育が教科化されたあとは、また変わってくるかもしれません。次に、中学校外国語科（英語）の内容についても確認してみましょう。

中学校学習指導要領　外国語科の内容

〔知識及び技能〕

(1) 英語の特徴やきまりに関する事項

　ア　音声

　イ　符号

　ウ　語，連語及び慣用表現

　エ　文，文構造及び文法事項

〔思考力，判断力，表現力等〕

(2) 情報を整理しながら考えなどを形成し，英語で表現したり，伝え合ったりすることに関する事項

(3) 言語活動及び言語の働きに関する事項

　① 言語活動に関する事項

　　ア　小学校における学習内容の定着を図るために必要なもの

　　イ　聞くこと

　　ウ　読むこと

　　エ　話すこと［やり取り］

　　オ　話すこと［発表］

　　カ　書くこと

　② 言語の働きに関する事項

　　ア　言語の使用場面の例

　　イ　言語の働きの例

文部科学省「中学校学習指導要領（平成29年告示）解説　外国語編」より

　外国語科（英語）は、国語科と共通している部分もありますが、こうして並べてみると言語知識に関する部分が目立ちます。興味深いのは、言語4技能（聞く、読む、話す、書く）のうち、「話すこと」が「やり取り」と「発表」に分かれている点です。これは日本語教育でも必要でしょうか。

　さて、全体としてもう一度見てみると、言語を使ってコミュニケーションをするというところに重点が置かれていることがわかります。国語科との違いをじっくり見比べて考えてみてください。そして、外国人に対する日本語教育を行う場合、この外国語科（英語）の内容はどの程度役に立つでしょうか。

　また、国語科と外国語科の言語4技能と並び順を見比べてみてください。

16

順序には意味があります。どんな意味があるのか考えてみましょう。そして、ここで学んだことを踏まえて、次の課題をしましょう。

課題2

日本語教育／国語教育／英語教育について、自分自身の経験に基づき、ワークシートにわかる範囲で書き込んでください。（※留学生の方は、国語教育（＝母国語教育）と読み替えてください。）

ワークシートが完成したら、グループでシェアして話し合いましょう。話し合いの結果、日本語教育／国語教育／英語教育それぞれの何らかの観点における共通点もしくは相違点を、グループで少なくとも三つずつ挙げて発表してください。

（　　　　　　）と（　　　　　　）の共通点／相違点
（　　　　　　）と（　　　　　　）の共通点／相違点
（　　　　　　）と（　　　　　　）の共通点／相違点

> **ヒント**
>
> 最初にも述べたように、それぞれの比較をするときは「目標言語（学習する言語）」、「教授言語（授業で使われる言語）」、「教育の目的」が重要なポイントです。さらに、「教師の立場」にも注目してみましょう。外国人に対する日本語教育も、言語教育であることは間違いありません。しかし、一つ大きな違いは「母語話者である言語教師（つまり日本人の日本語教師）が、自分自身が受けたことのない教育（日本語教育）を行う」という点です（もちろん「非母語話者（外国人）」の日本語教師も多くいます）。これは日本語教育に限りません。また、1クラスの人数も学校教育の場合は一定ですが、日本語教育の場合はどれぐらいの規模が適切でしょうか。一方向的な授業であれば多人数でも大丈夫でしょうが、ペアワークやグループワーク、発表などを行う場合はどうでしょうか。

4. まとめ

以上のように、本章では皆さん自身が経験のある国語教育と英語教育について、目的と内容を振り返ってきました。皆さんは日本語教育についてはこれから学んでいくわけですが、実は言語教育は受けてきているのです。

そこで、その経験をメタ的（第三者的）にとらえることによって、「良い言語

教育とは何か」を考え始めることが可能なのです。日本語教育とは、日本語を母語としない人（主に外国人）に対して、日本国内外で日本語を教えることを指します。しかし、日本語がまったくできない人に教える場合と、少しできる人に教える場合は違いますし、日本国内で教える場合と海外で教える場合でもやはり違います。日本語教育は、学校教育に比べて目的や方法にかなり大きな差があるといえます。

　ただ、それでも教師として「良い言語教育とは何か」を考えることで、日々の授業を改善していけるという点は共通しています。今日は授業の一環で行いましたが、さまざまな場面でいろいろな人と「良い言語教育」について話し合う機会を持つようにしてください。それでは、これから本書を通して日本語教育の理解を深め、その魅力を体感していきましょう。

もっと知りたい人へ

○ クラッシェン, S.D.・テレル, T.D.（著），藤森和子（訳）『ナチュラル・アプローチのすすめ』(1986／大修館書店)

○ 高見沢孟『新しい外国語教授法と日本語教育（NAFL 選書）』(1989／アルク)

○ 姫野昌子・小林幸江・金子比呂子・小宮千鶴子・村田年『ここからはじまる日本語教育』(1998／ひつじ書房)

○ リヴァーズ, M.W.（著），天満美智子・田近裕子（訳）『外国語学習のスキル —その教え方　第 2 版』(1987／研究社)

資料：

「中学校学習指導要領（平成 29 年告示）解説　国語編」文部科学省
https://www.mext.go.jp/component/a_menu/education/micro_detail/__icsFiles/afieldfile/2019/03/18/1387018_002.pdf（2024 年 11 月 25 日閲覧）

「中学校学習指導要領（平成 29 年告示）解説　外国語編」文部科学省
https://www.mext.go.jp/content/20210531-mxt_kyoiku01-100002608_010.pdf
（2024 年 11 月 25 日閲覧）

コラム 01

日本語教師に向いている人

　日本語教師に向いている人、それは「声の大きい人」です。「えっ？！」と思われたかもしれませんが、冗談ではありません。日本語教師に限りませんが、先生とは「人前で話す仕事」であり、そのプロです。まして、日本語教師は言語教師なので、その発音の明瞭さもプロとしての技能の一つです。「声が小さくて聞こえない」なんていうのでは困るのです。もちろん、「声さえ大きければそれでいい」というわけではありませんが…。

　一方で、教師はある種「演じる」という側面もあります。私の知り合いの日本語教師で、普段はものすごくシャイで、人前で話すどころか、知らない人と話すのは極力避けるという人がいます。しかも、あまりにのんびりしていて「本当に日本語の授業ができるのかな？」と思うほどなのです。

　しかし、そんな彼女も、日本語教師として教壇に立ったときには、まるで人が変わったようにハキハキ話し、テキパキ動きます。そのあまりの「変わり身」に普段の姿とのギャップがすごいのです。

　もちろん、普段の姿と教壇での振る舞いがほとんど変わらないという人もいます。しかし、教師としてのトレーニングによって、冒頭での声の出し方も含めて「人前で話す仕事」を「演じる」ことができるようになるのであれば、結果として教師に向いた人であるといって良いと思います。日本語教師に興味がある人でも、「私は人前に出るような性格じゃないから…」と言って早々にあきらめてしまう人もいるのですが、性格だけで日本語教師をあきらめるのは早すぎる！と思う次第です。教師にとって本当に必要な資質はほかにもたくさんあるのです。

第2章 日本語学習者とは

この章のポイント！

誰が、どこで、なぜ日本語を勉強しているのでしょうか。この章では、日本語を学習している人たちがどのような目的をもって、どういった機関で日本語を学んでいるのか、その多様性を理解することを目指します。国内外の多様な日本語学習者について、それぞれの学習者が必要とする日本語教育とはどのようなものかについて考えてみたいと思います。

☑ **キーワード**
JFL、JSL、学習動機、ニーズ、留学生、外国人労働者

1. 海外における日本語学習者

　言語教育・研究の場では、生まれて最初に習得する言語を第一言語（母語）、母語以外に習得する言語を第二言語と呼んでいます。何カ国語も話せる人の場合には、第三言語、第四言語が存在しますが、それらも第二言語の中に含まれています。第二言語としての日本語教育はさらに、海外で外国語として日本語を学ぶ JFL（Japanese as a Foreign Language）と日本国内で日本語を学ぶ JSL（Japanese as a Second Language）に分けられます。では、JFL 環境と JSL 環境では、日本語学習においてどのような違いがあるのでしょうか。

課題 1

ワークシート
↓

　JFL と JSL の違いについて、ワークシート①を使って(1)学習者、(2)教師、(3)日本語学習の必要性、(4)日本語の学習機会という観点から考え、グループで話し合ってみましょう。

まず、JFL環境で学ぶ学習者について概観してみましょう。海外における日本語学習者数については、国際交流基金が数年おきに行っている「海外日本語教育機関調査」から情報が得られます。現在(2025年1月)、2021年度の調査結果が最新であり、それによると、海

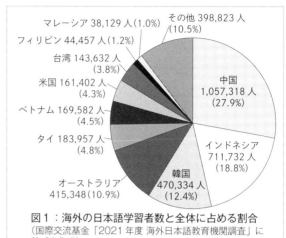

図1：海外の日本語学習者数と全体に占める割合
(国際交流基金「2021年度 海外日本語教育機関調査」に基づき作成)

外における日本語教育は133の国と8の地域で行われており、学習者数は合わせて379万4,714人となっています。学習者が多いのは図1の10の国・地域であり、この10の国・地域だけで全体の90%近くを占めていることがわかります。

また、教育段階別における学習者数では、初等教育8.7%、中等教育49.6%、高等教育25.6%、その他が16.1%であり、海外では初等・中等教育機関(小学校から高等学校まで)で学ぶ学習者が大学などの高等教育機関における学習者よりもはるかに多いといえます。

次に、日本語の学習動機について考えてみたいと思います。上述の国際交流基金による海外日本語教育機関調査では、海外の日本語学習者がどのような目的や理由があって日本語を学んでいるかについても調べています。国や地域、教育段階などによって違いはありますが、ここでは高等教育機関で学ぶ学習者に注目してみましょう。高等教育機関全体では、以下の項目が上位に挙がっています。なお、この調査は該当すると思われるものをすべて選ぶ複数回答方式で行われています。

1 位 ： 日本語そのものへの興味 (74.9%)

2 位 ： アニメ・マンガ・J-POP・ファッション等への興味 (69.6%)

3 位 ： 歴史・文学・芸術等への関心 (68.4%)

4 位 ： 自国内での現在の仕事・将来の就職 (56.7%)

5 位 ： 日本への留学 (50.5%)

6 位 ： 日本での将来の就職 (50.4%)

7 位 ： 自国内での進級・受験・進学 (40.4%)

8 位 ： 日本への観光旅行 (40.3%)

9 位 ： 国際理解・国際親善活動・異文化交流 (40.3%)

10 位 ： 政治・経済・社会等への関心 (40.2%)

(国際交流基金「2021 年度 海外日本語教育機関調査」に基づき作成)

　これを見ると、日本語そのものへの興味が最も高く、政治や経済などへの関心よりも上回っていることがわかります。また、アニメや漫画などのポップカルチャーへの興味が、就職や受験などの実用的な目的を上回っていることも興味深い点だといえるでしょう。その他の学習動機としては、国際結婚で生まれた子どもやその子孫が、継承語(親から受け継いだことば)として日本語を学ぶケースなども考えられます。皆さんが英語やその他の外国語を学ぶときと共通点や相違点はあるでしょうか。

2. 日本国内における日本語学習者

　今度は、JSL 環境に目を向けてみましょう。近年、在留外国人の増加に伴い、日本語学習者も増加、多様化する傾向にありましたが、令和 2 年度からは新型コロナウイルスの感染拡大の影響により、学習者の数は大幅に減少しました。しかし、令和 4 年度には入国制限が緩和され、学習者の数も大幅に増加し、令和 5 年度も増加が続いています。在留外国人統計によると、令和 5 年末時点での在留外国人数は 341 万 992 人で、前年から 10.9% 増え過去最高となっており、日本語学習者の数もコロナ禍前の数に戻りつつあります。

　国内の日本語教育の現状については、文部科学省が調査を実施しており、「国内の日本語教育の概要」としてその結果を公表しています。令和 5 年度の

調査によると、日本国内では2,727の機関・施設で日本語教育が実施されており、それらの機関・施設で学ぶ学習者の数は合計で26万3,170人となっています。では、どのような機関・施設で学んでいるのでしょうか。

上述の調査によると、法務省告示機関（日本語学校など）が46.4％と最も多く、次いで大学等機関の20.3％となっています。

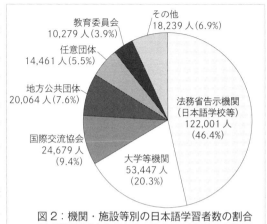

図2：機関・施設等別の日本語学習者数の割合
（文部科学省「令和5年度　国内の日本語教育の概要」に基づき作成）

しかしながら、上記には回答のなかった機関や文部科学省が関知していない団体などで学ぶ学習者や個人で学んでいる学習者の数が含まれていないことを考えると、実際の学習者数は上記の数値を大幅に上回っていると思われます。では、国内の学習者について、もう少し具体的に見ていきましょう。

3. 留学生

皆さんにとって、一番身近な日本語学習者は、授業やアルバイト先で見かける外国人留学生なのではないかと思います。日本学生支援機構（以下、JASSO）が行った「外国人留学生在籍状況調査」によると、令和5年5月1日現在、大学などの高等教育機関に18万8,555人、日本語学校などの日本語教育機関に9万719人

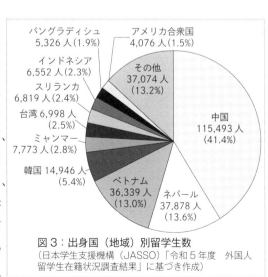

図3：出身国（地域）別留学生数
（日本学生支援機構（JASSO）「令和5年度　外国人留学生在籍状況調査結果」に基づき作成）

の計 27 万 9,274 人が日本に留学しています。出身国別では中国が 41.4% を占め突出しており、それにネパールの 13.6%、ベトナムの 13.0% が続いています。一口に日本語を勉強している留学生といっても、大学や専門学校への進学を目指し、日本語学校などで予備教育（進学準備）として勉強を続けている人のほか、交換留学などの短期留学生として来日し、留学生センターや大学の別科等で開講されている日本語の授業を受けている人、正規の留学生として日本人と同じように卒業を目指し専門の授業を受けながら、レポートの書き方などアカデミック・スキルとしての日本語を履修している人などさまざまです。東日本大震災後やコロナ禍で留学生数は一時的に減少したものの、この 30 年間でみてみると、外国人留学生の数は増加傾向にあります。この背景には、留学生受け入れの促進を目指した政策として 1983 年に発表された留学生 10 万人計画（2003 年に達成）と、2008 年に発表された留学生 30 万人計画（2019 年に達成）があります。

　では、なぜ政府は留学生の数を増やそうとしているのでしょうか。背景には、日本のグローバル戦略があります。大学の国際化によるグローバル人材、高度人材（高度外国人材）の育成という狙いのほか、日本社会の受け入れ態勢の改善に伴う日本の国際化を図り、日本の国際競争力の向上を目指すというものです。一方で、近年では、労働力の確保という視点も無視できなくなってきています。卒業後の日本での就労というほかにも、留学ビザでは原則週 28 時間を上限としたアルバイトが認められており、労働力不足が深刻な社会問題となっている現在、在学中の留学生も貴重な労働力となっています。

4. 外国人労働者

　労働力不足という問題に対し、近年では外国人労働者の受け入れが盛んに議論されるようになってきました。これまで日本においては、単純労働者は受け入れないというのが政府の基本方針であり、表向きには外国人労働者の受け入れは研究者と専門職に従事している高度人材に限られてきました。しかしながら、発展途上国への技術移転という名目で整備した外国人技能実習制度（以下、技能実習制度）や日系人の受け入れという形で、実質的な単純労働者を確

保している実態もあります。2019年4月からは新たに特定技能という在留資格が創設され、特に人手不足が深刻な業種で外国人人材の受け入れが拡大されることとなりました。また、2024年6月には、技能実習制度に変わって新たに「育成就労制度」を新設するための関連法の改正が、国会で可決されました。これまで制度の目的と実態の乖離などの課題が指摘されていた技能実習制度を解消し、人材育成と人材確保を目的とする育成就労制度を創設することで、育成就労制度と特定技能制度に連続性を持たせ、外国人労働者がキャリアアップを目指すことができる仕組みをつくることがその狙いです。国際的な人材獲得競争が激化する中、人材確保は重要な課題となっています。

厚生労働省が公表した「『外国人雇用状況』の届出状況まとめ」によれば、令和5年10月末現在、日本で就労する外国人は204万8,675人となり、過去最高を更新しました。在留資格別の内訳は、インドシナ難民や日系人を含む定住者、日本人の配偶者や永住者が外国人労働者全体の30％を占め、専門分野や技術に関する在留資格が29％、技能実習が20.1％、留学生のアルバイトなどを含む資格外活動が17.2％と続きます。

課題2

外国人労働者の2割を占める技能実習制度とはどのような制度なのでしょうか。ワークシート②を使って(1)制度の目的と内容、(2)職種、(3)実習生の出身国、(4)問題点について調べ、わかったことをグループやクラスで共有しましょう。また、特定技能制度や育成就労制度とは何が違うのかについても調べてみましょう。

外国人労働者の数が200万人を超え、その存在が国内における貴重な労働力の一部となっている現在、彼らの日本での生活基盤を整えることは、結果としてこれからの日本を支えることにつながり、それには日本語教育が大きな役割を果たします。

しかしながら、労働者を例にとってみても、企業に勤めるビジネスマン、自動車部品や電気機器、

食品加工の工場などで働く南米日系人や技能実習生、看護・介護人材など、彼らの日本語使用場面はさまざまで、それらに対応するための学習が必要です。その他にも、難民や中国帰国者、その家族が日本で生活を送るための日本語教育というニーズもあります。多様なニーズがある一方で、在留資格をはじめ、彼らがおかれている環境により、日本語学習の機会に大きな差が見られるという現実もあります。

　例として、介護人材について考えてみましょう。経済連携協定（EPA）で来日した介護福祉士候補者の場合、公的なプログラムの一環として約1年間の日本語研修が提供されるため、施設で就労を開始するまでには一定の日本語力を身につけることができます。一方で、日系人や日本人の配偶者など、介護職を目指す定住外国人の場合、地域の日本語教室が唯一の日本語学習機会となっていることが多く、通える場所に教室がない場合はその機会さえ限られてしまいます。その結果、日本語力の問題により介護施設に就職すること自体が壁となっている場合も少なくありません。また、定住者向けに開講されている地域の日本語教室は、多くがボランティア講師によって支えられており、人材や教育の質、予算の確保など、教室運営上の課題も多くあります。

5. 日本語指導が必要な児童・生徒

　在留外国人の中には、自分の意思で日本に行くことを決めた人のほかにも、親の就労や留学などの都合により日本に連れてこられた外国人児童・生徒なども含まれていることを忘れてはいけません。子どもの場合、日本語だけではなく、母語や認知面も発達段階にあります。日本語の習得と教科（算数・理科など）内容について、時間をかけて支援していくことが必要となりますが、専門知識を持った支援者は限られているのが現状です。親自身の日本での滞在計画に子どもの教育が左右されるケースも多いことに加え、親が子どもの教育に熱心でない場合もあり、継続的な学習が困難な場合も少なくありません。学校とい

う社会の中での人間関係の構築がうまく行かず、不就学につながるケースもあります。また、外国籍の子どもに限らず、例えば日本人の父とフィリピン人の母の間に生まれた子どもなど、日本国籍ではあるが日本語支援を必要としている児童・生徒もいます。

　子どもを持つ親に対しても、学校からのお便りが読めず、子どもが学校生活を送る際に支障を来していることもあり、親子双方に対する支援が求められています。

課題3

① 国内や海外の日本語学習者の中から、一つのグループや団体を取り上げて、その人たちについて知っていることをグループで話し合ってみましょう。（※パソコンやスマートフォンで調べても構いません。）
② 日本語学習者に知り合いがいる場合は、その人について具体的に考えてみましょう。

ヒント　以下のことを参考に、話し合ってみてください。(1)どんな場面で日本語を使う？なぜ、日本語の勉強が必要？(2)目標とする日本語レベルは？(3)日本語学習を進める上で問題となるのはどのようなこと？

6. まとめ

　本章では国内外で日本語を勉強している人たちについて概観しました。学習者の背景や学習動機やニーズは多様化しており、「日本語を学ぶ」といっても、どのような日本語を学びたいのか、学ぶ必要があるのかは学習者によってさまざまです。一方で、留学生30万人計画や技能実習制度による外国人受け入れ、経済連携協定（EPA）などによる看護・介護人材の受け入れのように、日本語教育には国の政策も大きく影響します。学習者に関する変動は日本を取り巻く社会状況と密接に関わっていることであり、皆さんの生活とも決して無関係ではないことを意識することが大切です。

もっと知りたい人へ

○ 荒牧重人・榎井 縁・江原 裕美ほか（編）『外国人の子ども白書【第2版】―権利・貧困・教育・文化・国籍と共生の視点』（2022／明石書店）

○ 有田佳代子『移民時代の日本語教育のために』（2024／くろしお出版）

○ 田尻英三（編）『外国人労働者受け入れと日本語教育』（2017／ひつじ書房）

○ 真嶋潤子（編）『技能実習生と日本語教育』（2021／大阪大学出版会）

資料：

「2021年度 海外日本語教育機関調査」国際交流基金
https://www.jpf.go.jp/j/project/japanese/survey/result/survey21.html（2024年11月25日閲覧）

「「外国人雇用状況」の届出状況まとめ（令和5年10月末時点）」厚生労働省
https://www.mhlw.go.jp/stf/newpage_37084.html （2024年11月25日閲覧）

「在留外国人統計（旧登録外国人統計）統計表」法務省
https://www.moj.go.jp/isa/policies/statistics/toukei_ichiran_touroku.html
（2024年11月25日閲覧）

「日本語教育実態調査－令和5年度　結果の概要－」文部科学省
https://www.mext.go.jp/b_menu/toukei/chousa01/nihongokyoiku_jittai/kekka/mext_00002.htm
（2024年11月25日閲覧）

「2023（令和5）年度外国人留学生在籍状況調査結果」日本学生支援機構
https://www.studyinjapan.go.jp/ja/statistics/enrollment/data/2405241100.html
（2024年11月25日閲覧）

コラム 02

外国人看護・介護人材のための
日本語教育

　労働力不足に伴い、外国人労働者の受け入れは近年急速に拡大しており、看護・介護分野においてもさまざまな枠組みがあります。その主なものとして、経済連携協定（EPA）による受け入れがあります。EPA では現在インドネシア、フィリピン、ベトナムの三カ国から看護師・介護福祉士候補者を受け入れています。候補者は日本の施設で働きながら看護師・介護福祉士の資格の取得を目指しますが、そのためには日本で生活するための生活日本語に加え、看護・介護のための日本語、例えば入居者の食事介助やおむつ交換、看護記録を書くなど職場で必要とされる日本語や国家試験に合格するための日本語など、複数の日本語の習得が求められています。

　しかし、ここで大きな疑問が一つ。看護・介護分野における知識や経験、資格を持たない日本語教師に、果たして専門分野の日本語が教えられるのでしょうか。答えはイエスでもあり、ノーでもあります。看護・介護であれほかの専門分野であれ、専門分野別の日本語を教えるためには、学習者が直面する場面でどのような日本語が使われているのかの把握が不可欠です。しかしながら、多くの場合、日本語教師にはそういった場面へのアクセスがなく、仮にあったとしても内容がまったく理解できないなどということも珍しくありません。

　そこで、非常に重要になってくるのが学習者が自分で学習を進めることができるようにするための支援と分野の専門家との協力（体制）です。これらに共通するのは、日本語教師がすべてを教えるのではなく、支えるという姿勢であるということです。例えば、教材や勉強方法、学習計画などについてアドバイスをするというのは、日本語教師が貢献できる分野です。また、情報収集をしながら専門家とのネットワークを広げ、日本語教師と専門家双方で、それぞれが担当すべき役割を考えながら、協働で学習を支えていくことも大切です。

第3章 日本語教師とは

> **この章のポイント！**
>
> これまで読んできた中で、「日本語教師」と「国語教師」では教える対象も教える内容も異なる職業であることが理解できたのではないでしょうか。それを踏まえた上で、この章では、「日本語教師」とはどのような人を指すのか、教える上で求められる資質や能力、日本語教師になるための資格や職場、日本語教師という仕事の将来性などについて見ていきたいと思います。
>
> ☑ **キーワード**
> 日本語教師、母語話者教師、非母語話者教師、国家資格、
> 登録日本語教員、日本語教員試験

1. 日本人なら誰でも日本語を教えられる？

　日本人なら誰でも日本語を教えられるのではないか。皆さんはそう考えたことはないでしょうか。では、ここで質問です。「おいしいから食べて」「あっち行って」「一緒に遊んで」という表現に共通する「〜て」という形には、どのようなルールがあるのでしょうか。「食べる」は「食べて」になるのに、どうして「行く」は「行って」に、「遊ぶ」は「遊んで」になるのか説明できますか。

　母語話者の場合、生まれたときから生活の中で日本語に触れ、「自然に」日常会話を身につけてきており、そのルールを意識せずに使用しているところがあります。しかし、日本語学習者の場合は、ルールを理解しながら学んでいくため、日本語教師は、「日本語」のルールを体系的知識として再整理、理解し、教えていくことが求められます。その知識や教えるスキルがなければ、たとえ母語話者であっても日本語を教えるというのは簡単にできる仕事ではありません。

こう言ってしまうと、「文法を説明する」ということが日本語教師の仕事のように思われてしまうかもしれません。しかし、日本語学習の大きな目的は文法を理解することではなく、学習者が自分で日本語を使い、さまざまな場面に対応できるようになることです。そのためには、教える項目がどのような場面で使用されるのかを学習者に理解させながら、実際のコミュニケーションや言語使用につなげていくことが必要です。その際に鍵となるのは、既有知識と新規学習項目を結びつけた、段階を踏んだ授業設計や、学習者への的確なフィードバック、授業中の予期せぬ質問に臨機応変に対応できる力などを含めた授業力です。また、教室は異文化接触の場であり、異文化を受容し、学習者心理を理解しながら学習者と協働で学びの場を構築しようとすることも、日本語を教える上で大切な姿勢です。

　こういった知識や態度、教える技術を備え、国内外で活躍している教師は母語話者に限らず、非母語話者にも多くいます。しかしながら、言語教育の現場では、言語教師は母語話者が望ましいという「ネイティブ信仰」とも言える考え方が根強くあります。近年の「ネイティブ信仰」をめぐる議論では、(1)言語話者モデルとしての「ネイティブ・スピーカー」は実体のない理想像として生み出されたものに過ぎず、実際には「ネイティブ」にもさまざまな人が含まれ、言語使用も多様であること、(2)第二言語の学習者が母語話者並みの語学力を身につけるというのはほぼ不可能であり、「ネイティブ」を第二言語学習者のモデルとすることは現実的ではないことなどが指摘され、ノンネイティブ教師(非母語話者教師)がモデルとして果たす役割の重要性が認識され始めています。

　また、グローバル化している社会の中では、日本語は母語話者同士だけではなく、非母語話者同士のやりとりも含む、多国間・多文化間コミュニケーション場面でも使われています。多文化間コミュニケーションでは、言語文化的背景が異なる人同士が、お互いの存在を認め尊重しあう姿勢が重要となります。そのためには、母語話者の規範を中心とした「正しい日本語」の習得を追求し、日本社会への同化を強制するような教育ではなく、それぞれが対等な立場で自分の考えを日本語で伝えられるようになるための教育が求められており、その分野でも非母語話者教師の活躍が期待されています。

課題 1

これまで受けてきた言語教育では、どんな先生がどのように教えていましたか。
①先生や授業について、好きだったところ（良かったところ）、嫌だったところ（改善してほしかったところ）など、具体例を挙げながらグループで話し合ってみましょう。
②話し合いで出た例について、本文中で述べた言語教師に必要なスキルや姿勢のうち、関係しているものはどれか考えてみましょう。本文中の例に当てはまらないもの、ほかにも教師に必要だと思うものがあれば、新たに追加してください。

2. 日本語教師の国家資格「登録日本語教員」とは？

　2024年4月より、日本語教師の国家資格である「登録日本語教員」制度が開始となりました。この資格制度創設の背景には、2019年に公布・施行された「日本語教育の推進に関する法律（以下、日本語教育推進法）」が挙げられます。在留外国人の増加に伴い日本語教育のニーズが増す中で、日本語教育の環境整備における課題が議論され、日本語教育を受ける機会の確保や日本語教育の水準の維持向上が日本語教育推進法における基本理念として示されました。その中で、日本語教師の資格に関する仕組みの整備や日本語教育機関における日本語教育の維持向上のための評価制度の検討などが求められ、2023年に「日本語教育の適正かつ確実な実施を図るための日本語教育機関の認定等に関する法律」（以下、日本語教育機関認定法）が成立します。この法律に基づき、日本語教育機関を認定する制度や日本語を指導することができる登録日本語教員の資格制度が導入されました。これにより、国が認定した日本語学校や大学の留学生別科などの日本語教育機関（以下、認定日本語教育機関）で教えるには、「登録日本語教員」の資格取得が必要となりました。日本語教師が国家資格となることで、教育の質が担保されることが期待されています。

　一方で、日本語教育機関の中には、認定日本語教育機関ではないものも含まれており、そういった機関で教える場合には、登録日本語教員の資格は必要ではありません。また、大学などの高等教育機関で教える場合には、登録日本

語教員の資格だけでは十分ではない場合も多く、大学院修士課程、もしくは博士課程の修了や、日本語教育経験、日本語教育に関する研究業績などが応募時の条件となっていることがあります。海外で教える場合には、国や機関、職種によって資格も求められる語学力も大きく異なります。例えば、オーストラリアやアメリカの初等・中等教育機関で正規教員として教えるためには、その州の教員免許が必要で高度な語学力が求められますが、アジアの高等教育機関など、国や機関によって、非母語話者教師が文法の授業を、母語話者教師が会話の授業を担当するといった役割分担がされている場合もあります。

3. 「登録日本語教員」の資格を取得するために

　「登録日本語教員」になるためには、国が実施する「日本語教員試験」に合格することと、「実践研修」を修了することが必要となります。日本語教員試験は「基礎試験」と「応用試験」から構成されており、基礎試験では日本語教育に必要な基礎的な試験や技能についての問題、応用試験では、実際の教育実践に即した問題が出題されます。実践研修は、登録実践研修機関において行われ、日本語の授業見学や模擬授業、教壇実習などを通じて実践的な技術を習得します。登録日本語教員の資格取得には、年齢や学歴、国籍などの条件はありません。また、資格には有効期限がないため、一度資格を取得すると更新の必要はありません。

　資格取得に向けては、大きく分けると、養成機関ルートと試験ルートの二つがあります（図1）。養成機関ルートでは、文部科学大臣の登録を受けた機関の実施する日本語教員養成課程を修了することにより、基礎試験が免除となります。また、機関によっては、養成課程と実践研修を一体的に修了することができるところもあります。

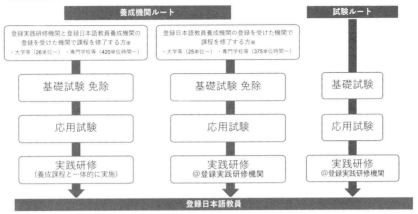

図1：登録日本語教員の資格取得ルート
（文部科学省「登録日本語教員の登録等について」に基づき作成）

> **課題2**
>
> インターネットで、登録日本語教員制度や、日本語教員試験の内容について調べてみましょう。

4. 日本語教師の職場と雇用

最後に、日本語教師の職場と雇用状況について見ていきましょう。文部科学省がまとめた「令和5年度国内の日本語教育の概要」によると、令和5年11月1日現在、国内の日本語教師数は4万6,257人となっており、平成2年の8,329人に比べ、この30年ほどの間に約5.5倍増加しています。機関・施設別の内訳を見てみると、一番多いのは日本語学校などの法務省告示機関の1万3,143人(28.4%)、次いで国際交流協会の9,308人(20.1%)、以下任意団体が6,348人(13.7%)、地方公共団体が6,151人(13.3%)、大学等機関が4,534人(9.8%)と続きます。この数字から、日本語教師はさまざまな教育機関・団体で教えていることがわかります。

また、上述の調査は、国内の日本語教師の職務別データも公開していま

す。調査によれば、国内の日本語教師の内訳は、ボランティアが2万3,281人と最も多く全体の50.3%と約半数を占めており、次いで非常勤講師が1万5,762人（34.1%）となっています。常勤講師として勤務しているのは7,214人（15.6%）に限られているのが現状です。

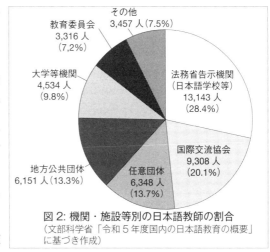

図2: 機関・施設等別の日本語教師の割合
（文部科学省「令和5年度国内の日本語教育の概要」に基づき作成）

海外については、国際交流基金がまとめている「海外日本語教育機関調査」が参考になります。2021年の調査によれば、141か国・地域にある1万8,272機関で7万4,592人の教師が日本語を教えています。そのうち、日本語の母語話者教師は1万3,211人で、全体の17.7%を占めています。日本語教師の数は地域別では東アジアが最も多く、非母語話者教師の割合も90%を超えています。機関別では、学校教育機関以外で教えている教師の数が最も多くなっています。

以上、日本語教師の仕事について見てきました。「日本語を教える」ということをフルタイムの仕事にするということは、なかなか難しい状況にあることがうかがえる一方で、日本語教育のニーズの高まりとともに日本語教師の働き方は多様化しており、フリーランスとしてや副業として教えるといった形で日本語教育に関わるといった働き方も広がりつつあります。また、人口減少による人材不足に伴い、外国人労働者が増加している中で、国内外において日本語教師に対する社会的要請が高まっている状況にあります。以前は職業として日本語教師を選ぶ場合、大学や日本語教師養成講座で学んだあとすぐに常勤講師の職が見つかるとは限らず、安定した常勤講師の職を得るまでには、非常勤講師として教育経験を積んだり、必要に応じて大学院に進学したりとキャリアアップを目指すことが必要でしたが、近年は新卒であっても常勤職が得られる機会も増えてきています。「登録日本語教員」という国家資格の創設により、今後はさらに「日本語教師」という職業の社会的な地位や待遇、認知度の

向上が期待されています。

課題3

日本語教師の求人情報のホームページを見て、応募資格や待遇などを調べ、国や教育機関による違いを比べてみましょう。各求人の中から、特に、(1)勤務地、(2)募集職種と仕事内容、(3)応募資格、(4)応募書類、(5)待遇といった項目について情報を探してみてください。

○日本語教育学会（国内・国外の求人情報）: http://www.nkg.or.jp/boshu

○国際日本語研修協会(IJEC)（国内・海外の日本語学校等の求人情報）: http://www.ijec.or.jp

○全米日本語教育学会(AATJ) Jobline（北米の大学就職）: https://www.aatj.org/jobs/college-and-university/

(上記全て 2024 年 10 月 16 日閲覧)

5. まとめ

　本章では日本語教師とはどういう仕事なのか、求められる資質や資格などについて概観しました。日本語教師という職業については、多くが非正規雇用（非常勤講師など）やボランティアであるという現状があり、安定した収入が得られるようになるには、一定の経験や勉強を積んでいく必要があります。一方で、在留外国人の増加に伴い、日本語教育の必要性が高まっており、日本語教師は今後ますます活躍が期待される仕事であるといえます。日本語教師になる、ならないに関わらず、日本語教育を学ぶことで得られる知識やスキルは、グローバル化している現代社会において、言語文化背景の異なる人たちとコミュニケーションを取りながら、共生の道をさぐる上で非常に役に立つものだと思います。

もっと知りたい人へ

- 遠藤織枝（編）『新　日本語教育を学ぶ　なぜ、なにを、どう教えるか』（2020／三修社）
- 水谷修（監修），河野俊之・金田智子（編著）『日本語教育の過去・現在・未来　第2巻 教師』（2009／凡人社）
- 義永美央子・嶋津百代・櫻井千穂（編集）『ことばで社会をつなぐ仕事―日本語教育者のキャリア・ガイド―』（2019／凡人社）

資料：

「2021年度 海外日本語教育機関調査」国際交流基金
https://www.jpf.go.jp/j/project/japanese/survey/result/survey21.html（2024年11月25日閲覧）

「日本語教育実態調査－令和5年度　結果の概要－」文部科学省
https://www.mext.go.jp/b_menu/toukei/chousa01/nihongokyoiku_jittai/kekka/mext_00002.htm
（2024年11月25日閲覧）

「登録日本語教員の登録等について」文部科学省
https://www.mext.go.jp/content/20240524-mxt_nihongo02-000034832_1.pdf
（2024年11月25日閲覧）

コラム03

日本語教師は英語がペラペラ？

　「日本語を教える仕事をしています」というと、決まって「すごーい！　じゃあ、英語がペラペラなんですね！」という反応が返ってきます。苦笑いしてその場をやり過ごすなんてことは、「日本語教師あるある」の一つです。では、実際のところ、日本語教師に英語やその他の外国語の能力は必要なのでしょうか。もちろん、英語や学習者の母語を知っていると、語彙や文法構造を比較できるので、彼らが日本語を勉強する上で難しいと思われることが予測できたり、文法や表現の説明ができたりと大きなメリットがあるのは間違いありません。また、特に海外で教える場合には、自分の日々の生活や、仕事上の事務手続きなどで必要になることも多いでしょう。

　しかし、英語ができないと日本語教師になれないかというと、決してそんなことはありません。国内の日本語教室には、さまざまな国・地域から学生が集まってきており、日本語教師は多様な言語・文化的背景を持つ学習者がいる環境の中で、学習者に教えていくことが求められます。そのためには、学習者が既に知っている日本語の語彙や文法の知識を使い、どうやって新しい文法を教えるか、どのように教室活動をデザインするかを考える必要があります。特に日本語力が限られている初級の場合は、英語やその他の外国語を使う、使わないに関わらず、授業をどう組み立てるかが教師の腕の見せ所となります。また、教師が学習者の言語が話せない場合、学習者側に、なんとか日本語で伝えようとする意欲が生まれることもあるため、教師の中には英語や学習者の言語が話せることをあえて隠している人もいます。ただ、その場合、学習者同士が教師のゴシップで盛り上がっているのが耳に入り、一人でドキドキするなんていうことも…。

第4章 日本語能力の測定と試験

この章のポイント！

日本語教育の最終的な目標は「日本語が上達すること」です。しかし、「どこまでの上達を目標とするか」や「どれだけできれば上達したといえるか」は人それぞれです。また、日本語の上達を支える日本語能力には、読む・書く・聞く・話す・言語知識などさまざまな側面があり、その測定は極めて困難です。試験はあくまで多面的な日本語能力のある一部分を測定するものに過ぎませんが、日本語教育の一つの目標であり目安です。この章では、日本語能力を測定する代表的な試験について見ていきたいと思います。

....

☑ **キーワード**
日本語能力試験、日本留学試験、日本語教育の参照枠、妥当性、信頼性、読解、聴解

1. 「ペラペラ」とはどういう状態か？

まず、考えてみてほしいことは、「日本語がペラペラ」というのはどういう状態かということです。日本人が英語の能力について話すときにも、「アメリカに留学してたんですか。じゃあ、英語がペラペラなんですね」といった話が出てくることがあります。

課題 1

皆さんが考える「英語がペラペラ」とは、どのような状態ですか。また、日本語学習者がどれだけのことができると「日本語がペラペラ」と解釈しますか。例を挙げながら周りの人やグループで話し合ってみましょう。

39

2. 能力の測定に必要な「妥当性」と「信頼性」

　日本語能力の測定に限りませんが、能力の測定や試験には「妥当性」と「信頼性」の二つを満たすことがとても重要です。

　妥当性とは、その能力を測定するために適合する方法になっているかどうかということです。例えば、「足の速さ」という能力を測定するとき、「50m 走のタイム」の妥当性は高いといえますが、「1 分間にその場で足踏みが何回できるか」はそれほど妥当性が高いとはいえません。日本語能力の測定でも、試験や方法が目標とする能力に適合しているか常に考えてみる必要があります。

　信頼性とは、その能力の測定方法が、何度繰り返しても安定して同じ結果になるかということです。例えば、「記憶力」という能力を測定するとき、「その場で 10 個のモノを見せたあとで、何があったか思い出す」という方法は信頼性が高いといえますが、「過去 1 週間で食べたモノを思い出す」という方法は、人によって体験の質が異なるなどの理由で、信頼性が高いとはいえません。

　日本語の教室の中で行われる小テストや会話テストでも、大規模テストでも、能力の測定においては、妥当性と信頼性のことは常に念頭に置いておく必要があります。

　日本語能力（読解力や会話力など）の測定において、「妥当性が高い／低い」、「信頼性が高い／低い」をお互いに出し合いましょう。それが本当に妥当性や信頼性による差であるかどうか、周りの人やグループで話し合ってみましょう。

3. 日本語能力試験（JLPT）と日本留学試験（EJU）の概要

　日本語能力試験（JLPT）は、日本語を母語としない人の日本語能力を測定し、認定する試験として、1984 年に始まりました。現在では、世界中で年間約 100 万人以上もの受験者がいる日本語能力を測る試験では最大の大規模テストとなっています。N1 から N5 という 5 つのレベル別に受験して合否判定を行います。

日本留学試験（EJU）は、外国人留学生として日本の大学（学部）等に入学を希望する者について、日本の大学等で必要とする日本語能力及び基礎学力の評価を行うことを目的に実施する試験として、2002年に始まりました。毎年約2～3万人の受験者がいます。日本留学試験はレベル別に受験するのではなく、同一の試験を受験して得点でレベル判定を行います。

　これらは日本語の能力を測定する代表的な二つの試験ですが、いろいろと特徴に違いがあることがわかります。レベル別の合否判定なのか、得点でのレベル判定なのかは大きな違いですし、日本留学試験では日本語能力だけではなく、基礎学力を測定するために、理科や数学の試験があるのも特徴的です。

　日本語能力試験と日本留学試験にはさまざまな特徴の違いがあります。それぞれの試験のホームページを参照し、ワークシートを埋めましょう。でき上がったら、二つの試験の共通点と相違点についてグループで話し合いましょう。
　・日本語能力試験：https://www.jlpt.jp/
　・日本留学試験：https://www.jasso.go.jp/ryugaku/eju/about/index.html

4. 日本語能力試験の問題を分析してみよう

　日本語能力試験と日本留学試験がどのような試験であるかという概略はわかったかと思います。しかし、実際に試験問題を見てみないと、本当の意味で試験を知ったことになりません。

　そこで、ここでは2010年に改定される以前の旧日本語能力試験で出題された代表的な試験問題を取り上げ、「正答を選ぶ」だけではなくどうして誤答が生じるのかについて考えてみたいと思います。

　なぜ、旧日本語能力試験を取り上げるのかというと、改定後の日本語能力試験では、これまでに二集の公式問題集が公開され改定後実際に出題された試験問題を見ることができますが、毎試験ごとの過去問題、問題の正答率や誤答選択肢の選択率は公開されていないからです。試験問題の分析を行うには、正答だけではなく、どの選択肢がどれだけ選ばれたのかということが極めて重要な情報となるのです。

課題4

過去の日本語能力試験（2010年の改定前の旧試験）の問題にチャレンジしてみましょう。巻末付録①（p.158-159）の問題をまずは自力で解いてみましょう。そのあと、正答率を予想してみましょう。

※以下、答えが記されているので、問題にチャレンジしてから読みましょう。

※なお、2010年の改定前の日本語能力試験は、レベルが4段階「1級～4級」、改定後の新日本語能力試験は5段階「N1～N5」となっています。

＝＝＝

◇平成20年度日本語能力試験4級　文字・語彙　問題Ⅰ問6 11 より

```
とい6　きのうは　かんじを　二百かいも　かきました。
                        11

 11  二百かい　 1　にびゃかい　　　　2　にひゃかい
              3　にひゃっかい　　　  4　にびゃっかい
```
　　　　　　　　　　　　1:10.7%　　2:39.6%　　3:40.5%（正答）　　4:8.6%

　正答は3の「にひゃっかい」ですが、正答率は40.5%と4級の文字問題としては低くなっています。誤答として多く選択されたのは、2の「にひゃかい」です。正答とは「っ」があるかないかだけの差です。一般的に日本人向けの国語の試験では「引っかけ」になってしまうような問題で、あまり出題されないのではないでしょうか。この問題は、日本語学習者の文字に関する日本語能力を測定するのに、信頼性と妥当性があると考えてよいでしょうか。

◇平成20年度日本語能力試験3級　文字・語彙　問題Ⅲ 41 より

```
 41  むずかしい　もんだいでしたが、＿＿＿＿　こたえが　わかりました。
    1　もうすぐ　　　2　なかなか　　　3　ちっとも　　　4　やっと
```
　　　　　　　　　　　　1:20.3%　　2:29.7%　　3:17.8%　　4:31.7%（正答）

　正答は4の「やっと」です。正答率は31.7%と低くなっています。また、この問題は誤答の選択率が分散しているのが特徴で、いずれの誤答選択肢にも一定の割合で分散しています。2の「なかなか」と3の「ちっとも」は否定文と呼応することがわかっていれば避けることができます。1の「もうすぐ」は、「もう」「すぐ」のように分割して解釈すると正答になるため、引きずられた可能性があります。

◇平成 21 年度第 2 回日本語能力試験 2 級　読解・文法　問題Ⅵ 57

---

57 ちゃんと前を見て運転してよ。今、となりの車に_____よ。本当に危なかったんだから。

　　1　ぶつかるところだった　　　　　2　ぶつかったところだ

　　3　ぶつかってしまった　　　　　　4　ぶつかろうとした

　　　　　　　1：31.7%（正答）　　　2：32.3%　　　3：19.8%　　　4：14.7%

　正答は 1 の「ぶつかるところだった」です。正答率は 31.7% と低くなっています。「〜ところだ」という表現の時制においては、「〜たところだ」にすると既に起きた出来事を表すことになります。後続の「本当に危なかったんだから」が、「危なかったけれどもぶつからなかった」を表していることがわかれば、「〜るところだ」が選択できるはずですが、難しかったようです。

　ただ、3 の「ぶつかってしまった」も既に起きた出来事を表し、選択率も高くなっていることから、この問題において「ほかの車にぶつからなかった」ということを示す文脈がきちんと示せていないとも考えられます。そうであれば、日本語能力を測定するという観点からすると、良問とは言い難いところです。

◇平成 21 年度第 2 回日本語能力試験 1 級　読解・文法　問題Ⅲ 20 より

問題Ⅲ　次の(1)から(5)の文章を読んで、それぞれの問いに対する答えとして最も適当な
　　　　ものを 1・2・3・4 から一つ選びなさい。

(1) 環境破壊がなぜ問題なのかというと、それによってわたしたち人間が困るからです。
　「地球にやさしい」とか「地球を守れ」などといった言葉にだまされてはいけません。
　地球上の生物のなかでもっとも総量が多く、なおかつあらゆる場所にはびこっているの^(注1)
　はおそらくバクテリアのような単細胞生物です。万一地球上の生態系がずたずたになり、^(注2)
　人間が生きていけないような環境になってもバクテリアは存在しているでしょう。また、
　もうひとつ重要なのは、環境破壊を生み出しているのもわたしたち人間だということ
　です。人間ほど大規模に環境を改変してしまった種は他にいません。^(注3)

　　　　　　　　　　　　　　　　（小田亮『ヒトは環境を壊す動物である』筑摩書房による）

（注1）なおかつ：そのうえさらに

（注2）ずたずたになる：破壊されてまとまりがなくなる

（注3）改変する：変える

43

【問い】　本文の内容と合っているものはどれか。　20

1　環境問題は、人間にはそれほど問題にならない。
2　環境問題は、人間にとっての問題にほかならない。
3　地球を守るために、環境を大切にしなければならない。
4　地球を守るために、人間を大切にしなければならない。

1：4.3%　　2：47.6%（正答）　　3：38.3%　　4：9.7%

　正答は2の「環境問題は、人間にとっての問題にほかならない。」です。1級ともなると、日本語母語話者でも簡単ではないことがわかるでしょう。読解として文章の趣旨を把握できていれば、正答を選ぶことは可能ですが、一般常識に照らすと3を選択してしまうのはわかります。「「地球を守れ」などといった言葉にだまされてはいけません」という主張が何を指しているかを、文脈に沿って正確に理解しなければなりません。

◇平成19年度日本語能力試験1級　聴解　問題Ⅰ 16番より

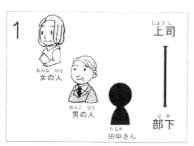

女の人と男の人が、同じ会社で働いている田中さんについて話しています。3人は会社の中でどのような関係ですか。

女の人：佐藤さん、今日の４時からの打ち合わせだけど、田中さんは出られるの？

男の人：はい、本社での会議は１時までなので、すぐこちらへ戻れと言ってあります。

女の人：そう、じゃあ、田中さんが戻ったら、打ち合わせの前にわたしの所へ来るように伝えてくれない？

男の人：それでしたら、電話で早めに呼び戻しましょうか。彼に準備させている打ち合わせの資料もまだ上がってきていないんです。

女の人：でも、本社での会議は最後まで出てもらわないと。

男の人：わかりました。では、戻り次第、そちらへ先に伺わせます。

女の人：そうしてくれる？　こっちも急ぎだから。

（スクリプトは『平成19年度 日本語能力試験1・2級 試験問題と正解』p.129 より）

| 1:62.6%（正答） | 2:3.8% | 3:31.4% | 4:2.2% |

正答は１です。正答率は62.6％と高めですが、もしこれを自分が受けると考えた場合、そう簡単ではないと感じるのではないでしょうか。どこか一部を聞けば良いというわけではなく、まず男の人の方が部下であることを判断し、さらに会話に出てくる「田中さん」が男の人の上司なのか部下なのかを会話全体から理解することが求められます。3が誤答として多く選択されているのは、二人の会話から女の人の方が上司であるということは理解できている人が多いということになります。

課題5

　以下のテキストやホームページを参照して、日本語能力試験（2010年の改定後の新試験）、日本留学試験の問題にチャレンジしてみましょう。

・『日本語能力試験公式問題集 N1/N2/N3/N4/N5』（2012／凡人社）
　『日本語能力試験公式問題集 第二集 N1/N2/N3/N4/N5』（2018／凡人社）
　［言語知識（文字・語彙・文法）、読解、聴解］
・『平成30年度日本留学試験（第1回）試験問題 』（2018／凡人社）など
　［読解、聴解、聴読解、記述（400～500字）］
・日本語能力試験の問題例　https://www.jlpt.jp/samples/forlearners.html
・日本留学試験　過去問題サンプル
https://www.jasso.go.jp/ryugaku/eju/examinee/pastpaper_sample/index.html

5. 日本語教育の参照枠

　2023 年 5 月に成立した「日本語教育機関認定法」により、2024 年 4 月から、「認定日本語教育機関」や「登録日本語教員」の制度が始まりました。これらの制度では 2021 年 10 月に公開された「日本語教育の参照枠」という枠組みが重視されています。

　「日本語教育の参照枠」は CEFR (ヨーロッパ言語共通参照枠)を参考にした日本語学習、教育、評価のための枠組みであり、「1. 日本語学習者を社会的存在として捉える」「2. 言語を使って「できること」に注目する」「3. 多様な日本語使用を尊重する」という三つを言語教育観の柱として示しています。1. と 3. では多様な日本語学習者が社会の一員として日本語を使って参画することを目的としており、言語の習得だけを目的としないという点が重要です。2. についてはCan do (できること)に基づいた行動中心アプローチという考え方が背景にあります。これは文型中心アプローチへのアンチテーゼとも言われますが、「日本語教育の参照枠」ではコミュニケーション言語能力を認めており、体系的な知識の習得を否定しているわけではありません。

6. まとめ

　以上のように、本章では日本語能力を測定するということがどういうことなのかを考え、日本語の代表的な試験である日本語能力試験と日本留学試験について学びました。さらに、受験者のデータが公開されている旧日本語能力試験の問題を実際に見て分析することで、日本語能力試験がどんな日本語能力をどのように測定しようとしているかを学びました。最初にも述べましたが、試験は日本語能力の一部の側面を測定しているに過ぎません。それでも多くの日本語学習者の目的や日本語能力の目安になっています。したがって日本語教師としては、日本語学習者の「日本語の上達」の一つの目安として、日本語能力試験や日本留学試験がどのようなものか知っておくことが必要なのです。加えてこれからは、ペーパーテストだけでは測れない能力に言及した「日本語教育の参照枠」についても注目していく必要があります。

もっと知りたい人へ

- 李在鎬『日本語教育のための言語テストガイドブック』（2015／くろしお出版）
- 伊東祐郎『日本語教師のためのテスト作成マニュアル』（2008／アルク）
- 来嶋洋美・八田直美・二瓶知子（著）『Can-doで教える 課題遂行型の日本語教育』（2024／三修社）
- 近藤ブラウン妃美『日本語教師のための評価入門』（2012／くろしお出版）
- バックマン, L.F.・パーマー, A.S.（著），（大友健二・スラッシャー，ランドルフ 監訳）『実践 言語テスト作成法』（2000／大修館書店）
- マクナマラ, T.（著），（伊東祐郎・三枝令子・島田めぐみ・野口裕之（訳））『言語テスティング概論』（2004／スリーエーネットワーク）
- 「日本語教育の参照枠 報告」（2021／文化審議会国語分科会）https://www.bunka.go.jp/seisaku/bunkashingikai/kokugo/hokoku/pdf/93476801_01.pdf（2024年11月25日閲覧）
- 「「日本語教育の参照枠」の活用のための手引」（2022／文化審議会国語分科会日本語教育小委員会）　https://www.bunka.go.jp/seisaku/bunkashingikai/kokugo/kokugo/kokugo_80/pdf/93677801_02.pdf（2024年11月25日閲覧）

引用文献：
『平成19年度 日本語能力試験1・2級 試験問題と正解』（2008／凡人社／p.24, p.129）
『平成20年度 日本語能力試験3・4級 試験問題と正解』（2009／凡人社／p.7, p.42）
『平成21年度 第2回日本語能力試験1・2級 試験問題と正解』（2010／凡人社／p.42, p.100）
以上、日本国際教育支援協会、国際交流基金（編著）
『ヒトは環境を壊す動物である』小田亮（著）ちくま新書（2004／筑摩書房／pp.7-8）

参考文献・資料：
『平成19年度 日本語能力試験 分析評価に関する報告書』（2009／アスク出版／p.162）
『平成20年度 日本語能力試験 分析評価に関する報告書』（2010／アスク出版／p.167, p.171）
『平成21年度 日本語能力試験（第1回・第2回）分析評価に関する報告書』（2011／アスク出版／p.438, p.726）
以上、日本語能力試験実施委員会・日本語能力試験企画小委員会（監修），国際交流基金・日本国際教育支援協会（発行）
「新しい「日本語能力試験」ガイドブック」（2009／国際交流基金・日本国際教育支援協会／p.4）https://www.jlpt.jp/reference/pdf/guidebook1.pdf（2024年11月25日閲覧）
日本語能力試験公式ウェブサイト　https://www.jlpt.jp/（2024年11月25日閲覧）

コラム 04

日本語教育文法

　日本語教育の勉強＝文法の勉強と思っている人が、日本語教師はもちろん、日本語学習者にもたくさんいます。たしかに日本語教育に限らず、外国語教育では文法は「教えた実感／学習した実感」を持ちやすく、教育内容として文法は中心的であるとは言えるでしょう。

　ただし、言語教育では学習したことは「使える」ようにならないと意味がありません。例えば、「～でしょう」という形を考えてみると、ほとんどの日本語母語話者は「明日は雨が降るでしょう」という例文を思い浮かべます。実際、日本語教科書にもよく出てきます。

　しかし、「明日は雨が降るでしょう」は、現実のコミュニケーションで本当によく使う用法なのでしょうか。実は「明日は雨が降るでしょう」と言うのは、気象予報士だけかもしれず、日本語学習者にとっては使う機会はそれほど多くない可能性があります。それよりも、「これ、あなたのでしょ（う）？」とか、他人に同意を求めるときの「でしょでしょ？！」など、確認要求の用法の方が日常生活では使う機会が多いかもしれません。

　現実のコミュニケーションでどれぐらいよく使われているのかについては、コーパスと呼ばれる電子データ（新聞や会話などを集めて作る）で用例数を数えたり、日本語母語話者にアンケートを採ったり実験したりして調べます。知識として貯蓄するだけではなく、「日常生活で使う機会が多い」という点を重視して、「実際に使える文法」を考えていこうというのが日本語教育文法なのです。

参考文献：
庵功雄(2009)「推量の「でしょう」に関する一考察：日本語教育文法の視点から」『日本語教育』142, pp.58-68.

第5章 コースをデザインしよう

この章のポイント！

ここまでで、日本語教師がどういうものか、イメージができたでしょうか。
この章からは、具体的に教えることを想定して進めていきます。まず、「コースデザイン」について学びます。日本語の授業は1回で終わり、ということはあまりありません。1週間、半年、1年など、ある一定の期間にわたって教える場合、教師は学習者が求めていることを知り、何をどの順番でどのように教えるかを考えなければなりません。これを「コースデザイン」といいます。この章ではコースデザインの段階で考えなければならないこと、注意しなければならないことなどについて考えます。

☑ **キーワード**
コースデザイン、コースの目標、評価方法（テスト）、ニーズ、
レディネス、シラバス

1. あなたならどんなコースを作る？

　「コースデザイン」というのは、簡単に言うと、ある一定期間の授業計画のことです。1週間、半年、1年など期間はさまざまですが、コースの到達目標を決め、その到達目標に向けてどのように授業を組み立てていくかを考えます。日本語教育機関で教える内容は日本国内の小学校・中学校のように国によって決められているわけではありません。そのため、日本語教師にはコースの中で何を教え、何を教えないかを決め、コースを設計する力が求められるのです。では、コースを設計するとき、どんなことに注意しなければならないかを考えていきましょう。

2. 学習者のことを知ろう

　まず、教える相手である学習者のことを知らなければなりません。クラスの学習者の人数、出身地の構成などのほかに、学習者が何をどのように学びたい

49

かという「ニーズ」や、学習者がこれまでどんな学習方法で学んできて、どのようなことができるのかという「レディネス」も考えましょう。

では、学習者のニーズにはどのようなものがあるでしょうか。また、レディネスとはどのようなものでしょうか。

課題1

表の中の項目を、ニーズとレディネスに分けてみましょう。

a. 日本語を勉強したことがない	f. 母国で3年間日本語を勉強してきた
b. 日本で大学院に進学したい	g. 日常会話ができればよい
c. ひらがな・カタカナの読み書きができる	h. 日本の小学校に通う娘が学校から持ってくるお便りが読めるようになりたい
d. 日本の大学を受験する予定	i. 文法を中心に学習してきた
e. 中国人なので漢字はだいたいわかる	j. 翻訳家になりたい
	k. アニメを使って独学で勉強してきた
【ニーズ】	【レディネス】

上の表のほかに、どのようなニーズやレディネスが考えられますか。周りの人やグループで話し合ってみましょう。

※こたえは次頁

ニーズも多様、レディネスもかなり幅があることがわかりますね。教える前には、上のようなことを考慮して、学習者に合わせたコースを設計するようにしましょう。

3. 教える機関について知ろう

次に、どんなところで教えるのかについて考えます。日本語学校なのか大学なのか地域の日本語教室なのか、どのような教育方針なのか、それぞれのコースの目標が設定されているのか否か、どのような設備が使えるのか、教材は決

50

まっているのか否か、一人で教えるのか複数の教師とチームを組んで教えるのかなど、教える機関のことを知ることも、コースデザインの準備として必要なことです。

 **課題2**

それぞれの機関について、どのような教育方針、コースの目標、設備、教材、教え方などが考えられますか。イメージしてみましょう。

〈例〉

機関	大　学
教育方針	専門の授業の理解やレポートやプレゼンテーションなどの学術的な活動をサポートする。
目標	アカデミック場面におけるコミュニケーション力を養成する。
設備	パソコンやプロジェクタが使え、通信設備も整っている。教材が豊富にある。
教材	特に決まっておらず、教科書を使ってもよいし、担当教員が作成してもよい。
教え方	1コースにつき、担当教員1名が担当する。1週間に1回の授業で、15週間の授業を行う。

上の表のほかに、どのような機関が考えられますか。また、それぞれの項目についてはどのようなことが考えられますか。ワークシート①を使って、周りの人やグループで話し合ってみましょう。

4. コースの目標と評価方法（テスト）を決めよう

コースデザインを行うときに最も大切なのはコースの目標を決めることです。そして、その到達度をどのように測るかを考えておくことです。

コースの目標と評価方法（テスト）は整合性がとれていなければいけません。コースの目標が達成できたかどうかを確認するのがテストであり、テストで測ることをコースの目標としなければならないのです。

※ p.49のこたえ：【ニーズ】b, d, g, h, j／【レディネス】a, c, e, f, i, k

課題3

　皆さんはこれまで、どんな評価方法(テスト)を経験してきましたか。それらの評価方法(テスト)は、何を測るためのものだったと思いますか。周りの人やグループで話し合ってみましょう。

　例えば、コースの目標が「大学内で先生や事務所の人、友人と簡単なコミュニケーションができるようになる」なのに、コースの最後に「文法の穴埋め問題と短文作成」というテストをしたら、コースの目標の達成度を確認することはできませんね。評価方法はさまざまなものがありますが、コースの目標に合った評価方法を選ぶ必要があります。

　一口に評価といっても、方法は一斉テストだけではありません。プレゼンテーションや作文で行うこともありますし、教師の観察やポートフォリオなどで行うこともあります。ポートフォリオというのは、学習者自身が学んだことや過程を記録したり、学習の成果物を保存するものです。

　ここで考えてもらいたいのは、評価は決して成績をつけることだけが目的ではないということです。学習者の成長を可視化すること、そしてそれを学習者にフィードバックすることで学習者の今後の学習に役立てるために行うものだと考えてください。

　もし、教える機関でコースの目標や評価方法が決まっている場合は、コースの目標と評価方法の整合性がとれているかを確認しましょう。

　一方、教える機関でコースの目標や評価方法が決まっていない場合は、学習者のニーズやレディネスに沿った目標を立て、それを測るための評価方法を考えましょう。コースを設計する段階で評価方法について考えておくことで、教師も学習者も到達すべきコースの目標をはっきり意識することができます。

5. 教材について考えよう

　コースの目標が決まったら、教材について考えましょう。

　もし、教える機関で使用する教科書が決まっていたら、教科書分析を行います。教科書分析を行うときは、まず教科書の目次を見て、どんな内容がどの順番で扱われているのかを確認しましょう。そして、各課の目標は何か、どのような学習項目（トピック、文法、語彙や表現など）が扱われているのか、各課がどのように構成されているのかを考えます。使用する教科書の特徴を理解するために、同じレベルのほかの教科書と比べてみるのもいいでしょう。

　一方、教える機関で使用する教科書が決まっていない場合は、教科書を使うかどうかから検討します。使う場合は、教科書分析を行って、学習者のニーズに合った教科書を選びましょう。使わない場合は、どうやって教材を準備するか、新聞やパンフレットなど「生教材」を使うのか、読み物などを自分で作る「自作教材」にするのかなどを考えます。教科書と生教材や自作教材を組み合わせることも可能です。

　初級前半レベルの教科書をグループで一つ、選んでください。その教科書の第1課から第3課までを見て、ワークシート②に次の3点について考えて書き出してみましょう。書き出したら、ほかの教科書を選んだグループと比べてみましょう。

①各課の目標（例：自己紹介ができるようになる／「これ・それ・あれ」を理解して使えるようになる など）
②学習項目（文法・語彙）（例：「AはBです」「どうぞよろしく」「わたし」「せんもん」など）
③各課の構成（例：会話文→単語リスト→文法練習→応用練習→ロールプレイ など）

第5章　コースをデザインしよう

選んだ教科書の各課の目標ははっきりわかりましたか。文法や語彙はどのようなものが選ばれていたでしょうか。また、練習の方法も教科書によって違うかもしれません。教科書も学習者のニーズやレディネスに合ったものを選ぶ必要があります。

6. 何をどの順番で教えるかを考えよう

コースの目標に基づいて教える内容を並べたリストのことを「シラバス」といいます。シラバスは何を中心に考えているかによって、いくつかに分類されます。シラバスの特徴は教科書の目次によく現れています。それぞれどのように違うか考えてみましょう。

(1) 構造シラバス

構造シラバスは、文型を中心に学習項目を並べてコースを組み立てるシラバスで、易しいものから難しいものへと順番に並んでいます。『みんなの日本語』という教科書の目次を見てみましょう。

第1課	第3課
1. わたしは　マイク・ミラーです。	1. ここは　食堂です。
2. サントスさんは　学生じゃ　ありません。	2. エレベーターは　あそこです。
3. ミラーさんは　会社員ですか。	第4課
4. サントスさんも　会社員です。	1. 今　4時5分です。
第2課	2. わたしは　毎朝　6時に　起きます。
1. これは　辞書です。	3. わたしは　きのう　勉強しました。
2. それは　わたしの　傘です。	
3. この　本は　わたしのです。	

『みんなの日本語　初級Ⅰ』（第二版）より

(2) 場面シラバス

場面シラバスは学習者が遭遇しそうな場面(自己紹介／買い物／レストランなど)を中心に学習項目を並べてコースを組み立てるシラバスです。

（3）機能シラバス

　機能シラバスは「依頼する」「注文する」「謝罪する」など、言語が持つ機能を中心に学習項目を並べてコースを組み立てるシラバスです。

　では、場面シラバスと機能シラバスを複合させた『Situational Functional Japanese（SFJ）』という教科書の目次を見てみましょう。

LESSON1 紹介する	LESSON5 わからないことばを聞く
LESSON2 郵便局で	LESSON6 事務室で
LESSON3 レストランで	LESSON7 電話をかける（1）病院
LESSON4 場所を聞く	LESSON8 許可を求める

『Situational Functional Japanese Vol.1』より

　この教科書では、「L2 郵便局で」「L3 レストランで」のように場面を中心にしている課と「L5 わからないことばを聞く」「L8 許可を求める」のように機能を中心にしている課があることがわかります。場面シラバスや機能シラバスにおいて、文型はそれぞれの場面や機能のコミュニケーションを成立させるために必要なものが配置されています。

（4）Can-do シラバス

　文型を出発点にしたシラバスではなく、「○○ができる」という課題遂行能力を出発点に考えられたシラバスを Can-do シラバスといいます。Can-do シラバスは「ヨーロッパ言語共通参照枠（Common European Framework of Reference for Languages：CEFR）」というヨーロッパの言語教育・学習の場で共有される枠組みに基づいています。2010 年に国際交流基金が日本語教育版の「Can-do リスト（JF 日本語教育スタンダード）」を開発しました。このリストに基づいて作られた『まるごと』という教科書の目次を見てみましょう。

> だい 1 か
> 1. かぞくや　じぶんが　どこに　すんでいるか、なにを　しているか
>   かんたんに　話します
> 2. かぞくや　ともだちと　なにごで　話すか　言います
> だい 2 か
> 3. しゅみについて　話します
> 4. じこしょうかいの　サイトの　みじかい　コメントを　読みます
> 5. じこしょうかいの　サイトに　みじかい　コメントを　書きます
> だい 3 か
> 6. きせつの　へんかについて　かんたんに　話します
> 7. すきな　きせつと　そのりゆうを　かんたんに　話します
> だい 4 か
> 8. てんきについて　話して　あいさつを　します
> 9. でんわの　かいわの　はじめに　てんきについて　話します

『まるごと初級 1 A2　かつどう』より

「JF日本語教育スタンダード」を使ったこの教科書のシラバスは、日本語の使用場面を想定し、かなり具体的な言語活動が遂行できることを目標としていることがわかります。Can-doシラバスでは、学習する文型や表現は構造シラバスのように固定的なものではないとされています。

課題5

皆さんがこれまで受けてきた外国語教育のシラバスはどのようなシラバスでしたか。使ったことがある外国語の教科書の目次を参照し、ワークシート③を使ってシラバスのタイプを考えてみましょう。

教科書名	構造	場面	機能	Can-do	その他
例) Situational Functional Japanese		○	○		

では、ここで学んだことを踏まえて、次の課題をしましょう。

課題6

日本国内の大学の交換留学生（初中級レベル）を対象にした15回の日本語コースを、ワークシート④を使ってデザインしてみましょう。クラスの人数、出身地の構成、学習者のニーズやレディネスについては、各グループで考えて決めてください。次のことを考えながら、コースを設計しましょう。

(1) コースの目標
(2) 評価方法（テスト）
(3) 教材
(4) 各回の内容

ほかのグループが設計したコースも見て、もう一度コースについて考えましょう。

ヒント　初中級レベルというのは、初級の教科書が終わったぐらいのレベルで、やっとなんとか日常会話ができるぐらいと考えてください。交換留学生だと、どんなニーズを持っているでしょうか。皆さんだったら、どんな授業を受けたいですか。

7. まとめ

本章では、日本語を教える前に行うコースデザインについて紹介しました。コースデザインを行うためには、学習者のニーズやレディネスを分析し、学習者に合ったコースの目標を立てて評価方法を考えることが大事です。コースの目標が決まったら、使用する教材を選んで分析し、何をどの順番でどのように教えるのかを考えてコースを設計しましょう。

コースが終わったあとは、コースの目標の設定は適当だったか、評価方法は学習者の力をきちんと測っていたか、教材、進度は適当だったかをふり返り、次のコースデザインに活かしてください。

もっと知りたい人へ

- 石田敏子『改訂新版　日本語教授法』(1995／大修館書店)
- Council of Europe（著），吉島茂・大橋理枝（翻訳）『外国語教育〈2〉外国語の学習、教授、評価のためのヨーロッパ共通参照枠』(2004／朝日出版社)
- 久保田美子編著『日本語教師をめざす人のためのスモールステップで学ぶ教授法』(2024／スリーエーネットワーク)
- 国際交流基金「JF日本語教育スタンダード」
  https://www.jfstandard.jpf.go.jp/top/ja/render.do（2024年11月25日閲覧）
- 国際交流基金『日本語教授法シリーズ1　日本語教師の役割／コースデザイン』(2006／ひつじ書房)
- 小林ミナ『日本語教育よくわかる教授法　「コース・デザイン」から「外国語教授法の史的変遷」まで』(2019／アルク)

資料：

『Situational Functional Japanese Vol.1』筑波ランゲージグループ (1991／凡人社)

『まるごと初級1 A2　かつどう』国際交流基金（著・編集）(2014／三修社)

『みんなの日本語 初級I 第2版 本冊』スリーエーネットワーク（著・編集）(2012／スリーエーネットワーク)

コラム 05

日本語学習者の多様性と教師の役割

　日本語を勉強している人はどのぐらいいると思いますか。2024年の国際交流基金の調査では海外の日本語学習者数は約380万人、2023年の文部科学省の調査では国内の日本語教育機関で学ぶ日本語学習者数は約26万人といわれています(第2章参照)。しかし、実際には海外にも国内にもそれ以上の学習者がいるだろうといわれています。

　私はこれまで、日本国内の留学生を中心に日本語を教えてきましたが、最近、これまでとは違ったタイプの留学生の増加を感じています。それは、海外で、教育機関に通わず、教科書をまったく使わずに日本語を学習してきた留学生たちです。彼らは日本語のコンテンツ(アニメや漫画、ゲームなど)を通して日本語に触れ、日本語を独自の方法で学習しています。中には日本語で話せるようになることや日本語の文字が手書きで書けるようになることにまったく必要性を感じない学習者もいます。彼らの日本語学習のニーズは、日本語のコンテンツを理解できるようになることだったり、インターネット上のテキストによるコミュニケーションができるようになることだったりします。私はここ数年、そのような学習者が教室で日本語を勉強する意味は何なのか、彼らが満足する教育コンテンツはどのようなものなのかを考え続けています。

　翻訳技術や音声認識の技術も日々、向上しています。アプリケーションや動画サイトなどでいくらでも日本語を勉強することができる時代になってきました。教科書を使って教えるだけが教師の役割ではありません。学習者の多様化や技術の進歩に合わせて、今、教師の多様化も求められています。

第**6**章 さまざまな教授法

この章のポイント！

この章では、実際に日本語をどうやって教えるかを考えていくために、まず、これまでに提唱されてきた「外国語の教え方」をいくつか概観します。また、外国語を学ぶときには、自分の母語などで説明を受けながら学ぶか、それとも、できるだけ目標言語のみをクラスの中で使って学ぶ方がよいのかということについて、その長短を考えます。さまざまな教授法とその背景にある言語学習観に触れ、自分はどのように日本語を教えていきたいか、考えてみてください。

☑ **キーワード**
言語学習観、オーディオ・リンガル法、コミュニカティブ・アプローチ
タスク、TPR、直接法、間接法、目標言語、媒介語、TBLT、CLIL

1. さまざまな外国語教授法

「教授法」とは、簡単にいえば「教え方」のことです。「敬語の教授法」といった具体的な項目を教える方法や、「絵を使った教授法」といった技術面のことを指すこともありますが、本章では、これまで提唱されてきた言語教育の理念と、その理念に基づく指導方法のことを「教授法」と呼ぶことにします。それぞれの「教授法」の背景には、ことばとは何か、それはどのように学ばれるのかという言語学習観が存在します。

まず、皆さんの経験をもとに具体的に考えてみましょう。

課題 1

皆さんはこれまでどのような教え方で、外国語の授業を受けたことがありますか。楽しかった授業、つらかった授業、変わった方法で学んだ授業などを思い出し、周りの人と自由に話し合ってみましょう。

これまで、学校や英会話教室などで、いろいろな授業を受けてきたと思います。「外国人の先生との歌やゲームが楽しかった」「教科書を1文ずつ読んで訳すのがめんどうだった」「みんなの前でAさんとBさんの会話みたいな劇っぽいことをやるのが恥ずかしかった」など、いくつか思い出しましたね。実は、そうした学習内容の一つひとつには、背景となる教授法が存在します。学校の英語の授業などで経験のある人の多い「教科書の文を一つひとつ訳した」という方法は、「文法訳読法」という、中世の古典ラテン語の文献解読の指導に用いられた、歴史の長い教授法です。当時は、外国人とコミュニケーションを取るためではなく、知的な訓練として文献を読み解くための語学学習だったので、この方法は十分に効果的でした。

　その後、外国人との交流が盛んになるにつれ、今度は言語の異なる者同士の交流のための語学学習が始まります。その中の有名な教授法に「オーディオ・リンガル法（AL法）」があります。これは「習うより慣れろ」といった教授法で、口頭での練習を中心とし、教師の発言を何度もリピートしたり、「I have a pen.（book）⇒ I have a book.」と指示どおりに言い換えたりする練習を繰り返します。この教授法では、語学学習とは「言語の構造の学習」のことだと考えます。そして、正確さを重視し、学習者の間違いは習慣化しないように厳しく訂正されます。1950年頃からアメリカをはじめとして世界に広まったこの方法は、正確な言語構造の理解という点では大きな成果を上げましたが、一方で、機械的な練習が中心で、実際のコミュニケーションにつながりにくいという批判も受けました。

　そこで、もっとコミュニケーションを重視しようという考えに基づく教授法が提唱されました。その代表的なものに、「コミュニカティブ・アプローチ（Communicative Approach）」があります。この教授法は、ことばの学習とは、言語の構造や規則を学ぶことではなく、コミュニケーションを学ぶことだという言語学習観を持ち、練習においても、例えば、「喫茶店で好きなものを注文する」、「友達と夏休みの旅行の行き先を決める」などの「課題」を設け、やりとりを通

じて目的を達成する教室活動が多く取り入れられます。このような解決すべき課題を設定した練習のことを「タスク」と呼びます。教室では、正確さよりも流暢さが重視され、間違いは避けるべきものではなく、ことばを学ぶ上で必要な過程であると考えます。

ほかにもいろいろな教授法があります。「Stand up! Sit down! Touch your toes!」などの先生のことばに合わせて、立ったり座ったりつま先を触ったり…といったゲームを体験したことのある人はいませんか？

これは「TPR（Total Physical Response：全身反応教授法）」という教授法で、言語（音声）を動作（身体反応）に直接結びつけることによって、ことばの理解と対応能力を育てていくという考え方です。ほかにも、子どもがことばを学んでいくように、その言語をたくさん「聞く」ことから、ことばを身につけていくという教授法（ナチュラル・アプローチ）や、語学の授業なのに教師からはその言語を発話しないという教授法（サイレント・ウェイ）など、いろいろな教授法がいろいろな言語学習観とともに提唱されています。自分の受けたことのある教え方だけがことばを教える方法ではありません。興味のある人はぜひ、参考文献などを見て、いろいろな教え方に触れてみてください。

課題2

ここまで学んだことを、以下①～⑤の空欄を埋めて、まとめてみましょう。

教授法	学習の目的・言語学習観	どんな教え方？
①（　　　　　）	知的な訓練	対訳が中心
オーディオ・リンガル法	②（　　　　　　　）の学習	リピート・言い換えなど、正確さを重視
③（　　　　　）	コミュニケーションの学習	タスクなど、④（　　　　　）を重視
TPR	言語を動作に結びつけることでことばの理解と⑤（　　　　　）を育成	教師の指示に従って、身体で反応する

※こたえは次頁

2. 直接法と間接法

　外国語の学習では、その勉強しようとしている言語を目標言語、学習者の母語など説明のときに使用する言語を媒介語といいます。そして、媒介語を使わずにできるだけ目標言語だけで教えていく方法を「直接法」といいます。例えば、英語を母語とする教師が英語だけで行う授業を受けたことはありませんか。それは、直接法の一例です。一方、媒介語を使いながら進めていく授業の方法を「間接法」といいます。日本人の先生が日本語で文法などを説明しながら教える英語の授業は間接法です。

> 外国語を勉強するとき、直接法と間接法ではどちらが効果的だと思いますか。それはなぜですか。ワークシート①を使って、それぞれの授業の長所と短所を周りの人と話し合ってみましょう。

> **ヒント**
> これまでに英語だけを使った英語の授業を受けたことのある人は、そのとき、どう感じたか思い出してみてください。よかった点、不安・不満だった点などから、まず目標言語のみを用いた授業の長所と短所を具体的に考えてみましょう。初級か、中級・上級かで考えが変わる場合はレベルごとにも考えてみましょう。

　媒介語を使うかどうかはその教室の条件（海外での学習か日本国内か、クラスメートに共通の言語があるかどうか、クラスの人数、教師の言語能力、コースにかけられる時間など）によって考えられるべきことで、どちらかが絶対に良いというものではありません。

　一般的に、日本国内の日本語教育の現場では、直接法が用いられていることが多いようです。これは、一つのクラスに中国人、韓国人、ベトナム人…と多

※ p.62のこたえ：①文法訳読法、②言語の構造、③コミュニカティブ・アプローチ、
　　　　　　　　④流暢さ、⑤対応能力

国籍の学生がいて、クラスの学習者がすべて同じ言語の話者とは限らないこと、媒介語として使われることの多い英語を学習者全員が必ずしも得意とするとは限らないこと、また教師も自由に指示や説明が行えるほどの語学力を持っているとは限らないことなどの制約によるところも大きいでしょう。しかし、それだけではなく、日本語を日本語だけを使って学んでいくことには、長所もいろいろとあります。もちろん、わからない言語で新しい知識を学ぶことは難しいことです。直接法で授業を行う場合は、教師は綿密な計画の下で、身振りや表情、教具などを駆使して、少しずつ丁寧に学習者の理解を導いていくことが必要です。

　一方、クラス内の学習者が共通語を持つことが多い海外の教育機関では、間接法が用いられることが多いようです。日本語の母語話者教師は直接法、学習者との共通言語を持つ非母語話者教師は間接法と役割分担がされていることもあります。媒介語を使用することで、直接法では難しかった点を補うことができるでしょう。ただし、媒介語が使用できる場合も、それに頼って媒介語による解説ばかりの授業となっては意味がありません。それは、学習者が日本語を聞いたり話したり、自分でルールを発見したりする機会を奪っているとも言えます。媒介語を使用する場合は、クラスに合わせて必要性や必要量を考え、効果的に使っていきたいものです。教師には直接法・間接法それぞれの長短を知り、学習をより魅力的・効果的に進める工夫が求められます。

3. 教授法の最近の傾向

　コミュニカティブ・アプローチでは、前述のとおり、学習者が目標言語を使って必要なコミュニケーションを取れるようになることを目指して、教室内でさまざまなタスクが用意され、そのタスクの達成が授業のひとつのゴールでした。最近では、さらにタスクそのものを中心に据えて、言語表現（例えば「〜てください」）を学んでからタスクを行うのではなく、まず、タスクがあり、その達成のためにどうすればよいかを学んでいくという教え方が注目されています（→第11章参照）。

　〈例〉　タスク：相手に窓を閉めてもらうようお願いする。

　　　　言語表現：「窓を閉めてください」　　「窓を閉めてもらえませんか」

このような教授法は、「TBLT（Task-Based Language Teaching）」と呼ばれることもあります。語学教育が、語彙や文法といった言語形式ではなく、その言語で何ができるかということに重点を置くようになってきたといえるでしょう。この教え方では、シラバスもタスクによって構成され、その順番も、語彙や文法の難しさではなく、どのくらい複雑なタスクかによって決まります。したがって、タスクが学習者にとって意味があること、つまり、学習者のニーズに沿っていて、現実味があることが重要です。教師には、そのようなタスクを設定する力、そして、タスクの遂行を支援し、何が必要かを的確に判断する力が求められます。

　また、ヨーロッパを中心に実践されている「CLIL（クリル：Content and Language Integrated Learning：内容・言語統合型教授法)」と呼ばれる教授法にも注目が集まっています。これは目標言語を用いて、例えば「食物連鎖」「環境問題」といった理科や社会の教科学習や、時事問題などのトピックを取りあげ、内容と言語の両方を学んでいく方法です。語学学習として、十分にその目標言語に触れる機会を与えるとともに、豊かな内容を扱い、言語を深い思考へとつなげていくことを目指します。この教え方は、「言語を学ぶ」のではなく、「言語で学ぶ」という姿勢であり、学習者の知的好奇心に見合う内容を扱い、それについて情報を集めたり、まとめたり、発表したり、討論したりする中で、認知力に働きかけ、言語運用を促します。さらにCLILでは、そうした活動の中に必ず異文化理解や異文化交流の要素を取り入れ、自分の属する文化とともに多様な文化の存在に対する意識を高めることも目指します。CLILの背景には、EUの目指すヨーロッパの統合深化の理念があります。言語教育について、「どう教えるか」ということだけでなく、「なぜ／何のために」外国語を学ぶのかということについても考えさせられる教授法です。

課題4

　インターネットで、CLILの実践例をいくつか調べ、そのうちの最もおもしろいと思った例について、ワークシート②を使ってグループで報告し合いましょう。日本語教育の例でも、ほかの言語の例でも構いません。

4. まとめ

皆さんの中には、外国語の授業というと、これまで学校教育で受けてきたような、教師の説明を聞きながら単語や文法を覚えていくという、受験を意識した英語の時間を思い描く人も多いかもしれません。しかし、外国語の教え方／学び方には、いろいろな方法があります。そして、それぞれの教授法にはその時代背景や言語学習観が大きく影響しています。

外国語学習は、言語知識の獲得からコミュニケーションへ、教師による一方通行の教育から学習者中心の学びへと変化を続けてきています。こうした教授法の変遷は、ことばとは何か、学ぶとはどういうことか、よりよく学ぶための教師の役割は何か、といったことについての試行錯誤の蓄積です。さまざまな教授法を知ることは、きっと教師としての引き出しを増やすことにつながるでしょう。

もっと知りたい人へ

○ 石川慎一郎『ベーシック応用言語学』(2017 ／ひつじ書房)

○ 奥野由紀子(編著)，小林明子・佐藤礼子・元田静・渡部倫子(著)『日本語教師のための CLIL 入門』(2018 ／凡人社)

○ 鎌田修・川口義一・鈴木睦『日本語教授法ワークショップ増補版（DVD）』(2007 ／凡人社)

○ 来嶋洋美・八田直美・二瓶知子『Can-do で教える 課題遂行型の日本語教育』(2024 ／三修社)

コラム 06

先生が話さない教室

　ある教室での出来事です。「では、終わりましょう。いかがでしたか。」
　3日目、最終日の授業の最後になって、それが、初めて聞いた先生の声でした。いろいろな教授法が知りたくて参加したサイレント・ウェイの体験講座(ベンガル語)でのことです※。サイレント・ウェイとは、教師が目標言語を話さない教え方。語学の授業なのに、先生が話さないなんてどういうこと⁈　本を読んでも想像できず、半信半疑で研修会に参加してみました。

　先生は、音声チャートのようなものを指差して、言ってごらんと目で促します。参加者にとっては初めて学ぶベンガル語ですから、さあ大変。あてずっぽうでとりあえず「あ」とか言ってみます。先生は表情で「もっと口を大きく」と言っている？…　こんな感じ？「あ！」…おおお、当たった！　このように、クラスが一丸となって、音を見つけ、見つけた音をつないでことばを作り、ことばをつなげて文を作り…、かくして、頭をフル回転して、3日間の研修を終えました。

　サイレント・ウェイの根底には、教師がモデルを示したり、指示や説明を与えたりすることは、学習者の主体的な学びの妨げだという考え方があります。確かに、先生が何も言ってくれない以上、自分たちで考え、試し、見つけていくしかありません。それは、とても創造的な楽しい活動で、説明されるのではなく、自分でことばを作り出す、そんな語学学習のスタイルを強烈に印象付けられる体験となりました。

　いろいろな教授法を知ると、教えること／学ぶことの視野が広がります。まだまだおもしろい教授法はたくさんあります。皆さんもぜひいろいろな教室を覗いてみてください。

※ サイレント・ウェイでも、この先生のように教師が「まったく話さない」教え方は珍しいようです。

第**7**章 学習レベルと教材・教具

この章のポイント！

日本語を教えるとき、いろいろな教材や教具を使います。現在は、レベルや目的に合わせていろいろな教材が市販されています。この章では、まず「レベル」をどのようにとらえればよいかを知るとともに、どのような教材があるのか、教材の構成はどうなっているのかを具体的に見ていきましょう。また、自分が教師になって教えるとき、使用する教材をどのように選べばよいか、考えてみましょう。

☑ **キーワード**
教材、教具、初級、中級、上級、日本語教育の参照枠、総合教科書、主教材、副教材、易から難へ、教材分析

1. いろいろな教材・教具

　授業では、さまざまな教材や教具を使います。教材とは、教えるための材料のことで、「このテーマは教材には向かない」というように教育の内容自体を指すこともありますが、本章では、教科書のような書籍や、読解で使う記事等のさまざまな文章や動画・音声データなどの視聴覚資料のように、授業で扱うコンテンツが載っているもののことを教材と呼ぶことにします。一方、授業を進めるためには、教材のほかにもさまざまな道具が使われます。絵や文字の書かれたカードや、旅行のパンフレットなどの実物、果物のおもちゃなど、授業を効果的に進めるために教師が準備して使用する「小道具」のことを教具と呼ぶことにします。

課題 1

　これまで受けてきた英語やその他の外国語の授業では、どのような教材や教具が使われていましたか。できるだけたくさん思い出して、周りの人と話し合ってみましょう。

語学の教材というと、まず「教科書」のことを思い浮かべる人が多いでしょう。授業を進める上で、中心的に使用する教材のことを「主教材」と呼び、その多くは教科書です。主教材には多くの場合、宿題用のワークブックや、会話部分や聴解練習の音声データがついていたりします。また、教師が独自にプリントを作成することもあります。こうした主教材以外の教材を「副教材」といいます。さらに、教室で使われる教材はそれだけではありません。ほかにも、例えば、その国の歌を聞く、ニュース映像、映画などを見る、コンピューターで練習問題を解く、などの経験がある人も多いでしょう。

また、教師は、授業を効果的に進めるために、いろいろな「小道具」を教具として使います。代表的なものが「絵カード」や「文字カード」です。絵カードは、新しい単語を導入したり場面設定を伝えたりするためによく使われます。写真でもよいのですが、絵カードは、余分な情報をそぎ落とし、教育上、より効果的なものにすることができます。市販されたものや、教科書に準拠して公開されているものなどのほか、教師が自作することもあります。

絵ではなく、文字が書かれたカードは文字カードです。文字カードは、つぎつぎとテンポよく学習者に見せて練習を行ったり、黒板に貼ったりといろいろな使われ方をします。最近は、カード状ではなく、スライドで見せることも多くなりましたが、カードならではの使い方もあり、いろいろな工夫が可能です。そのほかにも、果物のおもちゃで数の数え方や買い物の練習をしたり、時計に模したボードで時間の練習をしたりするときにも教具は効果的です。また、教具として、「実物」を使うこともあります。旅行の相談をするときには、実際の地図やパンフレットがあるとリアリティが増します。「おいしい」「あまい」「すっぱい」などの導入に(アレルギーには気を使いつつ)食べ物を食べてみるのもいいかもしれません。このような「実物」の教材は、「生教材(レアリア)」と呼ばれます。語学の授業に使用される教材・教具は多様です。

2. 日本語教育のレベル分けと教材

日本語教育では、大まかにレベルを初級・中級・上級と分けており、市販の教材にはたいてい該当するレベルが記載されています。では、一体それぞれの

レベルとは、どのくらいの語学力があることを指すのでしょうか。

 課題2

　次の言語行動は、初級・中級・上級のどのレベルに該当すると思いますか。また、ほかにはどんな行動がレベルごとに考えられるでしょうか。周りの人と話し合ってみましょう。

① 友人に、夏休みや年末年始などの休暇にどこかに行くかたずねたり、答えたりすることができる。
② 電気屋などで店員に、他店との比較など値引きに値する根拠を説明しながら、商品の値段を交渉することができる。
③ レストランの入り口で、店員に名前や予約時間などを聞かれて、答えることができる。
④ 母語話者にかなり速いスピードで話されても、生であれ、放送であれ、どんな種類の話しことばも難無く理解できる。

参考：みんなのCan-doサイト

　日常生活で、私たちはことばを使っていろいろな行動をしています。その中のどのようなものが「簡単」で、どのようなものが「難しい」のでしょうか。現在では、「どういう語彙・文法をどのぐらい知っているか」ではなく、このように「どのようなことができるか」という観点でレベルを設定するようになってきています。本書の第4章で扱った日本語能力試験もそうした基準で判定が行われるテストのひとつで、概ねN5、N4が初級、N3、N2が中級、N1が上級に該当するといえます。具体的にどのようなことができるレベルを指すのかについては、資料(章末)に挙げた「日本語能力試験：N1〜N5認定の目安」URLを参照してください。なお、初級・中級・上級のレベル分けは明確に線が引けるものではなく連続的です。まったく日本語を知らない最初期を入門期、初級から中級への移行期を初中級、中級から上級への移行期を中上級、上級を「終えた」とみなす高いレベルを超級などと呼ぶこともあります。

　口頭能力に関しては、「OPI (Oral Proficiency Interview)」というインタビューテストによるレベル判定もあります。OPIは、ACTFL (The American Council

on the Teaching of Foreign Languages：全米外国語教育協会）によって開発された
テストで、資格をもったテスターによるインタビューテストを通して、「初級
（上・中・下）、中級（上・中・下）、上級（上・中・下）、超級」の 10 段階にレ
ベルが分けられます。それぞれどのようなレベルかを資料（章末）の「ACTFL
言語運用能力基準」URL で確認してみましょう。

言語能力のレベル分けという観
点で、もうひとつ知っておきたい
のは「ヨーロッパ言語共通参照枠
（Common European Framework of
Reference for Languages：CEFR）」の
考え方です。これは英語、スペイン

■ CEFR の段階設定

C	熟達した言語使用者	C2
		C1
B	自立した言語使用者	B2
		B1
A	基礎段階の言語使用者	A2
		A1

語など言語の種類に関わらず共通して適用できる外国語能力の指標としてヨー
ロッパで広く使われています。CEFR では、「A1/A2/B1/B2/C1/C2」の 6 段階
が設けられ、A レベルを「基礎段階の言語使用者」、B レベルを「自立した言
語使用者」、C レベルを「熟達した言語使用者」として、それぞれの段階でど
のようなことができるのかを規定しています。

この CEFR を参考にして、日本語の習得段階に応じて求められる日本語教育
の内容・方法を明らかにしたものが「日本語教育の参照枠」です（→第 4 章参
照）。日本語学習者や日本語教師のほか、日本語学習支援者、地域日本語教育
コーディネーターなど、日本語教育に関わるすべての人が参照できる日本語学
習、教授、評価のための枠組みとして、令和 3 年 10 月に最終報告がまとめら
れました。ここでは、日本語能力の熟達度が、6 つのレベル（A1 ～ C2）で、5
つの言語活動ごと（聞くこと、読むこと、話すこと（やり取り・発表）、書くこ
と）に示されています（➡ 参照：「4. 言語活動別の熟達度」（「日本語教育の参照枠報告」p.23 ／
文化庁審議委員会）。たとえば、それぞれの言語活動について「人が元気かどうか
を聞き、近況を聞いて、反応することができる（話すこと・やりとり／A1 レ
ベル）」というように、具体的な「言語能力記述文」（Can do）がリストとして
14 言語で挙げられています。この参照枠に基づく日本語能力は、誰でも「日
本語能力自己評価ツール」で確認することができます（➡ 参照：「日本語能力自己評価
ツール にほんごチェック！」／文化庁）。ぜひ目を通してみてください。

こうした判定基準がそれぞれに指すレベルの範囲は厳密には一致していませんが、いずれも共通して、大まかに、以下のようにとらえることができます。「初級」では日常的な場面や話題の中の簡単なやりとりが中心であり、この段階の教材としては総合教科書が多く作成されています。「中級」では、より複雑な内容や人間関係の中でのコミュニケーションが扱われるようになり、ビジネスや看護・介護関係など、目的に応じた教材や、話す力、書く力など技能別に特化した教材も増えてきます。「上級」になると、より日本語母語話者の言語生活に近い運用力が目指され、市販される教材よりも、実際の新聞記事や評論、テレビ番組など、生教材を題材として授業を行うことも増えるでしょう。日本語母語話者の学生や社会人と同じようにレポートを書いたり、ビジネスや専門に関するプレゼンテーションをしたりなどの活動も期待されるようになります。

　教材については、レベル別以外にも、技能別、対象別などの観点からも分類することができます。技能別教材とは、「聞く・話す・読む・書く」という言語の４技能別に作成された教材で、聴解教材、会話教材、読解教材、作文教材などのことを言います。文字、特に漢字に特化した教材も多くあります。

　また、対象別教材というのは、どのような日本語学習者のために作成された教材かという観点です。大学などで学ぶ留学生用の教材、ビジネスマン用の教材、看護や介護の技能実習生のための教材、小学校・中学校の児童・生徒を対象にした年少者用教材など、現在はさまざまな教材が作成されています。大きな書店の日本語教材コーナーや、日本語教材の専門書店などに行って、ぜひ実際にいろいろな教材を手に取ってみてください。

■教材分類の観点（例）

レベル別教材	初級教材：日常的な場面や話題が中心 中級教材：より複雑な内容や人間関係の中でのコミュニケーション 上級教材：新聞記事やニュースなどの時事問題、レポート、 　　　　　　プレゼンテーションなど
技能別教材	聴解教材・会話教材・読解教材・作文教材など
対象別教材	留学生用・ビジネスマン用・技能実習生用・年少者用など

3. 初級総合教科書の内容と構成

　技能別の教科書ではなく、1冊で「聞く・話す・読む・書く」をカバーし、授業の主教材となる教材を「総合教科書」と呼びます。初めて日本語の総合教科書を手にした人は、いろいろなところをおもしろく感じるのではないでしょうか。

課題3

　初級の総合教科書を1冊選び、観察してみましょう。おもしろい・不思議だ・変だなど、感じたこと・発見したことをグループで話し合ってみましょう。また、以下の意見について、その理由を考えてみましょう。

① 友達同士の会話なのに、「です・ます」で話しているのはなぜ？
② 日本語教科書の中には、ふりがなが上ではなく、下についているものがあるのはなぜ？

　例えば、例文の書き方は、それぞれの教科書でどうなっていましたか。

a）Kore wa nihongo no kyookasho desu.
b）これは　にほんごの　きょうかしょです。
c）これは日本語の教科書です。
　　　　　にほんご　きょうかしょ

　初期の段階では文字も未習なので、ローマ字が使われている場合もあります。すべてがひらがなのものもあれば、最初から漢字で表記され、ふりがながあるものもあります。また、文節の区切りごとに1字分のスペースがあけられていることが多く、これは「分かち書き」と呼ばれます。それぞれの表記の利点や問題点を考えてみましょう。ほかにも気がついた特徴について、なぜそうなっているのかを考えてみてください。

次に、初級総合教科書の構成について、具体的に見ていきましょう。

課題4

　次の文は、どの順番に教えていくとよいと思いますか。それはなぜですか。
周りの人と話し合ってみましょう。

　a）毎朝、コーヒーを飲みます。
　b）私は学生です。
　c）雨が降ったらでかけません。
　d）母によく叱られました。
　e）ちょっと待ってください。

　どのような表現をどのような順序で教えるかには、いろいろな考え方があり
ますが（→第5章参照）、初級の文法の提出順序に関しては、ある程度、大ま
かな傾向が見られます。例えば、第5章の「構造シラバス」「機能シラバス」
「Can-do シラバス」の項でそれぞれ取り上げた3種類の教科書『みんなの日本
語』、『Situational Functional Japanese（SFJ）』、『まるごと』は、それぞれタイプ
の異なる教科書で、その理念や練習のしかたには違いがありますが、課題4の
表現の提出順序については、いずれも「b）→ a）→ e）→ c）→ d）」の順となっ
ています。ここには、学習者の学びやすさに配慮し、構造の単純なものから複
雑なものへ、意味の理解しやすいものから難しいものへという「易から難へ」
の流れを見てとることができます。ただし、こうした順序が学習者にとって妥
当なものかどうかは、現在も検討が重ねられています。

　次に、課の構成を見てみましょう。それぞれの教材に、共通点と相違点が見
られます。

■各教科書（本冊）の構成（例）

みんなの日本語
文型
例文
会話
練習A
練習B
練習C
問題

SFJ	
Drills	Notes
New Words in Drills	Objectives
Structure Drills	Model Conversation
Conversation Drills	New Words and Expressions
Tasks and Activities	Grammar Notes
	Conversation Notes

まるごと	
りかい	かつどう（L3の例）
勉強するまえに	表紙
もじとことば	どうぞよろしく　　（聞く活動と話す活動※）
かいわとぶんぽう	べんきょうちゅうです（聞く活動と話す活動）
どっかい	おしごとは　　　　（聞く活動と話す活動）
さくぶん	めいし　　　　　　（聞く活動と読む活動）

※活動の種類はアイコンで示されている

　共通点としては、最初にその課のねらいが示されること、構成要素として、モデル会話文、新出単語と文法解説（『みんなの日本語』は別冊として）、そして豊富な練習が提示されていることです。一方、構成面での大きな相違点としては、『みんなの日本語』と『SFJ』では、構造的な練習から徐々に実際の運用に近い会話の練習へと進むのに対し、『まるごと』ではそうした段階をとるのではなく、まずコミュニケーションのありように触れ、そこでの学習者の「気づき・発見」から、目標とする課題遂行（Can-do）に必要な表現を身につけていくという構成になっています。

　ほかにも、まず状況が示され、学習者がその状況で「どう言うのか」に自分でチャレンジしながら学んでいくもの（例：『できる日本語』）や、「家族」「好きなもの・こと」といったテーマを中心に据え、そのテーマについての自己表現を目標に「語り（Narrative）」と「やりとり」を学んでいくもの（例：『A New Approach to Elementary Japanese －テーマで学ぶ基礎日本語』）など、初級総合教

科書では、さまざまな可能性が探られています。

4. 教材分析

　では、もしあなたが日本語のコースを担当することになったとしたら、どのように主教材を選びますか。いろいろな教材を見比べ、適切なものを選ぶには、その教材がどのようなものかを観察する必要があります。個々の教材について観察・検討するための作業を教材分析といいます。

課題5

ワークシート
↓

　第5章［課題4］で分析した初級教科書について、さらに細かく観察してみましょう。ワークシートに従って、情報をまとめ、ほかの教科書を選んだ人と比べてみてください。

　たいていの教材には、教師や学習者に向けて、巻頭にその特徴が載っています。それらの情報を参考にして、教師は、担当する学習者のニーズや学習条件と照らし合わせ、コースに適切な教材を選択します。使用教材が決まったら、今度は、各課について、学習目標や設定場面、新出の語彙・文法など、さらに細かい分析が必要になります。学習効果を上げるために、足りない内容については、ほかの副教材や自作教材が必要になることもあるでしょう。教師は、使用する教材について、十分に吟味し、理解しておく必要があります。

　実際の授業は、教科書をそのまま教えればよいわけではありませんが（→第11章参照）、主教材の選定は、コースについて、「どんなことを」「どの順番で」「どのくらいのペースで」教えていくのかの概要となり、コースデザイン全体に直接的な影響を与えます。学習者にとって適切な教材を選ぶ視点が教師には求められます。

5. オンライン教材

　最近では、スマホやタブレット、PC を使って学べる教材も充実しています。
　2020 年に公開された独立行政法人国際交流基金日本語国際センターの『いろどり』は、日本で生活や仕事をする外国人を対象とした教材で、誰でも無料でダウンロードできます。ほかにも、国際交流基金によるオンライン教材や学習アプリ、オンラインによる日本語コース等については、日本語学習プラットフォーム『JF にほんご e ラーニング　みなと』にまとめられています。いずれも学習コンテンツが公開されているだけでなく、オンラインコースが受講できたり、コミュニティ機能を通じて「仲間」とつながることができたりと多彩な学びが提案されています。

　一方、書籍として出版されている教材においても、専用のウェブサイトを持ち、教室活動や学習者の学びをサポートする例も増えています。たとえば、『初級日本語 げんき』の公式サイトには、学習者用・教師用それぞれのページがあり、動画やアプリ、補助教材など多様なコンテンツが掲載されています。

　主教材とは別に、オンライン上の学習教材もさまざまなものがあります。たとえば、図 1 は、オンライン上の多読(読み物)サイトです。レベル別に読み物を選べるほか、新しい読み物が加えられていくのも書籍にはない魅力です。

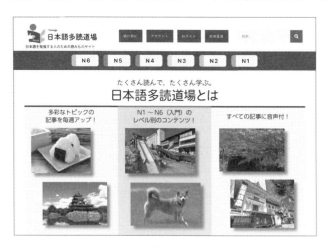

図 1　日本語多読道場 yomujp
　　　くろしお出版　https://yomujp.com（2024 年 12 月 24 日閲覧）

6. まとめ

　日本語のクラスは、多くの場合、主教材に市販の副教材や自作の教材を加えて進められます。本章では、学習者のレベルを的確に判断し、さまざまな教材の中から、学習者に最適な教材を用意するための視点について考えました。

　現在は、教材用に作られたものだけではなく、「生の」日本のバラエティ番組やドラマ、アニメなどに触れ、日本語を学んでいる学習者も世界中に存在します。AI の技術や SNS のコミュニティを活用したインタラクティブな新しい学習スタイルも盛んになってきています。教材を「学びのツール」と広くとらえ、さまざまな可能性についても、ぜひ考えてみてください。

もっと知りたい人へ

○ 奥村 三菜子，櫻井 直子，鈴木 裕子（編）『日本語教師のための CEFR』（2016 ／くろしお出版）

○ 川口義一・横溝紳一郎『LIVE！成長する教師のための日本語教育ガイドブック（下）』（2005 ／ひつじ書房）

○ 吉岡英幸（編著）『徹底ガイド　日本語教材』（2008 ／凡人社）

○ 吉岡英幸・本田弘之（編）『日本語教材研究の視点―新しい教材研究論の確立を目指して』（2016 ／くろしお出版）

○ 「日本語教材リスト」（凡人社）http://www.bonjinsha.com/wp/nihongokyouzailist
　　　　　　　　　　　　（ダウンロード版）（2024 年 11 月 26 日閲覧）

○ 「日本語教育の参照枠」
　　（NEWS 日本語教育コンテンツ共有システム・文部科学省総合教育政策局日本語教育課）
　　https://www.nihongo-ews.mext.go.jp/information/framework_of_reference
　　　　　　　　　　　　　　　　　　　　（2024 年 12 月 18 日閲覧）

○ 「日本語教育の参照枠報告」文化審議会国語分科会
　　https://www.bunka.go.jp/seisaku/bunkashingikai/kokugo/hokoku/pdf/93476801_01.pdf　　　　　　　　（2024 年 12 月 18 日閲覧）

○ 「日本語能力自己評価ツール にほんごチェック！」（文化庁）
　　https://www.nihongo-check.bunka.go.jp（2024 年 12 月 18 日閲覧）

資料：

『NEJ －テーマで学ぶ基礎日本語< vol.1 >』西口光一（2012 ／くろしお出版）

『Situational Functional Japanese Vol.1』筑波ランゲージグループ（1991 ／凡人社）

『できる日本語 初級 本冊』嶋田和子（監修）（2011 ／アルク）

『みんなの日本語 初級 I 第 2 版 本冊』スリーエーネットワーク（著・編集）（2012 ／スリーエーネットワーク）

『まるごと初級 1 A2　かつどう』国際交流基金（著・編集）（2014 ／三修社）

「ACTFL 言語運用能力基準－話技能（2012 年改訂版）」日本語 OPI 研究会
https://www.opi.jp/resources/（2024 年 11 月 26 日閲覧）

「CEFR 共通参照レベル」国際交流基金
https://www.jfstandard.jpf.go.jp/cefr/ja/render.do（2024 年 11 月 26 日閲覧）

「日本語能力試験：N1 ～ N5 認定の目安」国際交流基金・日本国際教育支援協会
http://jlpt.jp/about/levelsummary.html（2024 年 11 月 26 日閲覧）

「みんなの Can-do サイト」国際交流基金
https://www.jfstandard.jpf.go.jp/cando/top/ja/render.do（2024 年 11 月 26 日閲覧）

「初級日本語げんき　Genki-Online〔第 3 版〕」ジャパンタイムズ出版
https://genki3.japantimes.co.jp/（2024 年 11 月 26 日閲覧）

「いろどり 生活の日本語」国際交流基金　https://www.irodori.jpf.go.jp/（2024 年 11 月 26 日閲覧）

「JF にほんご e ラーニング みなと」国際交流基金　https://minato-jf.jp/（2024 年 11 月 26 日閲覧）

「日本語多読道場 yomujp」くろしお出版　https://yomujp.com（2024 年 11 月 26 日閲覧）

コラム 07

「レベル」判断の難しさ

　以前、海外で日本語を教え始めた頃の話です。現地のことばはまだ話せず、英語を使ってはみるものの、その国特有の発音に慣れていないこともあって、意志疎通にはかなり苦労しました。特に電話は視覚情報に頼れないのでより難しく、職場にかかってくる電話が怖くてなかなか取れずにいました。ある日、そんな私が休み時間に英字新聞を読んでいるのを見た現地の同僚が、「え、あなた、新聞読んでわかるんだ?!」。私は私で、「え、私のこと、英語が全然できないと思っていたんだ！」とお互いにびっくり。今でも当時の仲間の笑い話の一つです。

　電話の取り次ぎと新聞の時事問題、確かに一般的には、電話の方が易しく、時事問題の方が難しいと思われるかもしれません。でも、当時の私は、「聞く・話す」能力は劣っていたものの、「読む」ことはそれなりにできました。

　語学の能力は、電話に出られないから初級学習者、時事問題が読めれば上級学習者と単純には判断ができません。人それぞれ、「聞く・話す・読む・書く」の４技能が均等に上達するわけではないからです。流暢な日本語を話す欧米系のタレントが、台本を渡されても実は読めなくて困っていると話すのを聞いたことがあります。

　また、一つの技能の中でも、内容によって「レベル」は変わります。例えば、普段、難しい専門の講義内容が理解できる学生でも、アルバイト先の日本人同士の雑談は本当にわからないとか、バラエティ番組はぜんぜん聞き取れないなどとよく言っています。ある一面だけを見て、「この学生はまだ初級だ」とか、「この人は日本語がとても上手だ」とか判断するのは早計だといえるでしょう。教師は、テスト結果だけでは見えてこない、目の前の学習者の日本語の力を丁寧に観察する姿勢を持ちたいものです。

第**8**章 学習者の目から 日本語を見てみよう

この章のポイント！

日本語母語話者の皆さんにとって、「日本語」は物心がついた頃から周り にある、当たり前の存在です。それがどんなものなのか改めて考えたこと がない人がほとんどでしょう。日本語を客観的に言語として意識するには、 日本語を外国語として学習する日本語学習者の誤用が良いヒントになりま す。この章では学習者の誤用を手がかりにして、非母語話者にとっての日 本語の語彙や文法を考えてみます。

☑ **キーワード**
学習者、誤用、無意識の知識、オノマトペ、自動詞、他動詞、活用型、 動詞のグループ、Ⅰグループ、Ⅱグループ、Ⅲグループ

1. 日本語学習者の誤用

まずは、日本語学習者の誤用（間違った使用）を見てみましょう。

課題1

次の(1)から(3)は日本語学習者の誤用です。おかしい部分を指摘し、どの ように直すか考えてみましょう。また、どうしておかしいか、その理由を周 りの人やグループで話し合ってみましょう。

(1) 星がムカムカ光っている。
(2) ペンを鉛筆に替わる。
(3) 私は明日、学校にきない。

どのように直すかはわかっても、おかしい理由を説明するのは難しいのでは ないでしょうか。使い方（直し方）が瞬時にわかり、それがほかの人と共通して

81

いても、なぜそのように使う必要があるのか説明するのが難しい。これが、皆さんが母語に対して持っている無意識の知識です。

　ところで、学習者の目から日本語を見てみると、実はこれらの誤用には「なるほど」という理由があります。誤用に隠れた「なるほど」の種明かしは、本章の中で見ていきましょう。

2. 星がムカムカ光っている ―オノマトペ

　日本語には豊富なオノマトペ（擬音語、擬態語）があります。「これ、ポイして。」「終わったら、ジャーってするのよ。」など、日本語母語話者にとってオノマトペは子どもの頃から触れる語です。例えば「すっぽり」は、何かが何かに完全に覆われているイメージ、「しとしと」は、雨が寂しげに降っているイメージが立ちどころに映像として頭に浮かぶでしょう。しかし、日本語学習者にとって、音を聞いただけで、このようなはっきりしたイメージを持つことはできません。

　課題1(1)の例は学習者の実際の誤用です。「ムカムカ」という語を使って中国語を母語とする学習者に作文をしてもらったところ、「星がムカムカ光っている。」という答えがありました。「ムカムカ」という音を聞いて、この学習者は星が瞬くところを想像したということです。日本語母語話者であれば、「ムカムカ」といえば、「腹を立てている」、あるいは「胃の調子が悪く、気分が悪い」という意味が浮かぶでしょう。しかし、これは学習者にとっては当たり前のことではありません。

　それでは、学習者になったつもりで考えてみましょう。「チュクーチュクー」と聞いて、どんな様子だと思いますか。実はこれはアフリカのハウサ語で用いられるオノマトペで、「不正な方法で手に入れようとする様子」だそうです。それでは、「チュムチュム」はどんな様子でしょうか。これはベトナム語のオノマトペで、「ゆっくりした様子」だそうです。外国語のオノマトペの場合、音からのイメージがうまく行かないことがわかりますね。

　歯医者さんで噛み合わせを見るために歯の間に紙をはさまれ、「はい、カシカシ」（歯を噛み合わせる）、「次はキリキリ」（歯をこすり合わせる）といわれ

た上級レベルの日本語学習者が、何をしていいかさっぱりわからなかったと話していました。日本人にとっては、ある状況と密接に結びつき、出来事を鮮明に伝えるのが日本語のオノマトペですが、学習者から見ると意味が目立ってわかりやすい語というわけではないようです。「どんぶらこっこ」で流れていくのは「大きな桃」というように、日本人の頭に当たり前に浮かぶイメージの多くが、学習者にとっては、その語の音からは予想できないものなのです。

3. ペンを鉛筆に替わる ―自動詞・他動詞

　自動詞、他動詞という文法用語は、皆さんにとって、そこまでなじみのあることばではないでしょう。英語の時間にrise（上がる）-raise（上げる）、lie（横たわる）-lay（横たえる）で、前者が自動詞、後者が他動詞であると習った記憶がある人はいるかもしれません。形を正確に覚えること、どちらが自動詞でどちらが他動詞かを覚えることが大変だったのではないでしょうか。

　皆さんも英語で苦労した自動詞、他動詞の対応が、日本語には英語よりもずいぶんたくさんあります。課題1(2)の「ペンを鉛筆に替わる。」は、「替わる―替える」がペアになっています。前者が自動詞、後者が他動詞です。自動詞、他動詞の対応はこの他にも、例えば、「立つ―立てる」、「壊れる―壊す」、「切れる―切る」、「出る―出す」、「回る―回す」、「落ちる―落とす」、「まとまる―まとめる」など、枚挙にいとまがありません。ペアになる自動詞、他動詞の構文としては、基本的に「～が」という助詞とともに使うのが自動詞、「～が～を」を使うのが他動詞です。(2)は、「(私が)ペンを鉛筆に」という助詞とともに用いるので、「替える」という他動詞が用いられるべきですが、「替わる」という自動詞を用いて、誤用になっています。

```
名詞が 名詞を　他動詞
　名詞が　　　自動詞
```

　自動詞と他動詞は意味だけではなく、形もよく似ています。自動詞、他動詞の形の対応パターンを考えてみると、主要なものだけで10種類近くはあるといわれています。英語の自動詞、他動詞の区別や、不規則動詞の形を覚えるの

に苦労した経験を思い出してみてください。それから想像すると、学習者は対応パターンを覚えるのが大変そうですね。

さらに、それに加えて大変なことがあります。日本語のすべての動詞が自動詞、他動詞のペアになっているかというと、そういうわけでもありません。例えば「ある」、「刻む」、「押す」に対応するペアを思いつきますか。これらの動詞は、自動詞、他動詞のペアがない動詞です。学習者にとって、ペアがあるものとないものを区別するのもまた難しいことです。

4. 私は明日、学校にきない 一動詞の活用

「動詞の活用」というと、中学校や高等学校で習ったことを思い出すかもしれません。例えば、「飲む」とか「食べる」などの動詞がどんな活用をするのか、「飲む」は「まみみむめめ」といいながら、動詞の活用表に当てはめて考えた経験がある人が多いのではないでしょうか。

課題2

次の文の動詞の活用型(＝動詞の活用の種類)は何ですか。「五段活用」、「上一段活用」、「下一段活用」、「サ行変格活用」、「カ行変格活用」の中から答えてください。また、その活用型をどのように判断したか、周りの人やグループで話し合ってみましょう。

(1) 私は銀行に行きます。
(2) 私は朝ごはんにグラノーラを食べます。
(3) 私は映画をよく見ます。
(4) 私は電車で大学に通います。
(5) 私は夕方、テニスをします。
(6) 私は4時ごろ教室に来ます。

活用表に当てはめれば、この動詞は「五段活用」とか、「下一段活用」とか、動詞の活用型を判断することができますね。また、コツを知っている人は、未然形の「ない」の形に動詞をくっつけたときに、ア段になれば五段、イ段にな

れば上一段、エ段になれば下一段、例外として、「する」はサ行変格活用、「来る」はカ行変格活用とスムーズに活用型を言い当てることができたかもしれません。

　日本語教育では活用型を動詞のグループと呼び、五段活用をする動詞をⅠグループ、上一段活用と下一段活用の動詞を合わせてⅡグループ、カ行変格活用とサ行変格活用の動詞を合わせてⅢグループと呼びます。

　課題1(3)の「私は明日、学校にきない。」は動詞の活用の誤用です。「来ます(来る)」という動詞をⅡグループの動詞として、「食べ−ます」を「食べ」+「ない」と活用するのと同じルールで、「来−ます」は「き」+「ない」というように活用しています。

　それではここで、日本語に出現してまだ日が浅い、新語(新しい語)をいくつか出してみましょう。これらの動詞について、活用のグループを考えてみてください。

課題3

ワークシートを使って、次の動詞を活用してみましょう。その後、周りの人やグループで比べてみましょう。

(1) 天下る(あまくだる)
(2) ポチる
(3) ググる
(4) ダベる
(5) デコる

　上の課題で扱ったのは、比較的新しい語です。答えを周りの人と比べてみてください。活用のしかたに違いがありますか。

　例えば、「天下ろう」とか、「ググります」というような活用形を聞いたことがありますか。ないけど、なんとなく直感で活用したら、周りとも一致していたというところでしょうか。

　このなんとなくやっても同じ結果になるのは、日本語に関する無意識の知識が使われたからです。でも、本当でしょうか。「天下ろう」とか、「ググりま

す」というような活用を聞いていないと思っただけで、実はどこかでそれとなく聞いた活用が耳の奥に残っていて、それで活用のしかたが一致したのかもしれません。それでは、皆さんがこの場で新語を作って、活用を確認してみましょう。

課題4

皆さんの苗字に「る」を付けて、新しい動詞を作ってください。例えば、田中さんなら「たなかる」です。また、その動詞を活用してみてください。その動詞を「ない」につけるとどうなりますか。周りの人やグループで話してみましょう。

そこまで深く悩むことなく、活用ができたのではないでしょうか。それでは、なぜ、活用はあなたの口をついて出てきたのでしょうか。それは、皆さんが日本語母語話者として、頭の中に動詞の活用に関する無意識の知識を持っているからなのです。無意識なので、どういう仕組みなのか説明することは難しいけれど、母語話者みんなに共通して使える知識が存在するのです。

日本語母語話者は、ある語を見た途端、この無意識の知識を使って、その活用が自動的に判断できます。しかし、非母語話者である学習者には日本語についての無意識の知識はありませんから、動詞の活用は、ルールを知らなければできるようにはなりません。ですから、初級の日本語授業で「読みます」、「食べます」という動詞を初めて習った時点で、日本語母語話者が行うように、未然形の「ない」の形に動詞をくっつけて、「「読みます」は、「読まない」になるから、Ⅰグループ（五段活用）だ」というように、動詞のグループを知ることはできません。学習者にとって、新しく習った動詞の「ない」の形が「読まない」か「読みない」かは、まだ頭の中に存在しない知識ですから、それを検索したり、活用したりできないのです。つまり、「ない」の形にくっつけるという日本語母語話者のやっていた方法は、学習者には役に立たないわけです。ですから、学習者は活用に関わるルールを知らなければ、「読めば」「読もう」、「食べれば」「食べよう」と自由に活用することができません。まず、どの動詞がどのグループなのか、そしてそのグループの動詞がどんな活用のしかたをす

るのか、ルールとして説明を受けて、学習者は初めて正しく活用ができるようになるのです。

5. まとめ

　本章では皆さんにとって大変身近な存在である日本語を、学習者の目から見てみる経験をしてもらいました。「難しい」とか「あいまいだ」といわれることもある日本語には、実はしっかりしたルールがあります。そのルールはひっそりと日本語母語話者の頭の中に存在し、ルールに違反していると、「何かおかしいぞ？」と意識上に登ってきます。しかし、おかしいと思ってよく考えてみても、なぜ違反なのかを説明することは日本語母語話者でも難しいのです。

　日本語のルールを知っておき、学習者がよく間違うところについては、さらりと過不足なく説明できるようになると、日本語教師としてのレベルが十分にアップしたということになるでしょう。

もっと知りたい人へ

- 庵功雄『新しい日本語学入門 －ことばのしくみを考える 第 2 版』(2012 ／スリーエーネットワーク)
- 大関浩美 (著), 白井恭弘 (監)『日本語を教えるための第二言語習得論入門』(2010 ／くろしお出版)
- 迫田久美子『日本語教育に生かす第二言語習得研究』(2002 ／アルク)
- 白川博之 (監), 功雄・高梨信乃・中西久実子・山田敏弘 (著)『中上級を教える人のための日本語文法ハンドブック』(2001 ／スリーエーネットワーク)
- 新屋映子・守屋三千代・姫野伴子『日本語教師がはまりやすい日本語教科書の落とし穴』(1999 ／アルク)
- 堀尾佳以『若者言葉の研究―SNS 時代の言語変化―』(2022 ／九州大学出版会)
- 松岡弘 (監), 庵功雄・高梨信乃・中西久実子・山田敏弘 (著)『初級を教える人のための日本語文法ハンドブック』(2000 ／スリーエーネットワーク)

コラム 08

あなたの「日本語教育」が目指すものとは

　皆さんは、どうして日本語教師になりたいと思い始めましたか。外国人と関わる仕事をしたいから、外国で暮らしてみたいから、英語を使う仕事をしたいから…などなど、将来の夢は広がります。日本語教師として教壇に立っている自分、その日がやってくることが待ち遠しい人も多いはずです。

　日本語教育の現場では、学習者が習いたての日本語で言ってくれたジョークに皆で笑い合ったり、学習者との文化の違いにびっくりしたりと、日本語教師になったからこそ得られる楽しい体験の連続です。日本語教師として経験を積むうちに、会心の授業ができて心の中でガッツポーズを取ったり、見守っていた学習者の努力がついに実って胸が熱くなったりと、予想を超える感動もあなたを待っていることでしょう。しかし、その一方で、自分の教師としての力量不足を感じて落ち込んだり、自分一人では解決できないような問題にぶつかったりして、これからも日本語教師としてのキャリアを続けて行くべきなのか、悩みが頭をもたげる時期が来ることもあるかもしれません。

　ここで皆さんにもう一つの質問です。あなたは日本語教師として何をしたいですか。海外で教えるある男性教師は「世界平和」と答えました。彼は世界中を飛び回り、日本語を介した多くの出会いを作っています。また、国内のある地域で教えている女性教師は「連鎖を断ち切る」と。彼女は自分の出会う外国人が日本で希望を持って生活してくれることを望んでいます。「わかる喜び」と答えたもう一人の女性教師は、学習者の笑顔を見るために、説明を少しでもわかりやすくしたいと日々考えています。

　皆さんにも自分だけのミッションを見つけて、それに向かって進んでいってもらいたいと思います。今は目標を思いつかない人でも、日本語教師としての経験を積み、一つずつの課題に真摯に向き合っているうちに、自分なりの目標が見えてくるはずです。その目標は、日本語教師としてのあなたの原動力となって、どんなときも、きっと力を与えてくれることでしょう。

第9章 ティーチャートークと やさしい日本語

この章のポイント！

日本語教師は、まだあまり日本語が流暢でない初級レベルの学習者とも日本語を使って上手にコミュニケーションを取っています。では、日本語教師はどんな方法を使っているのでしょうか。また、教室ではどのように教師と学習者のやりとりが行われているのでしょうか。この章では、教師の発話の工夫である「ティーチャートーク」、教室内のやりとりと「フィードバック」について紹介します。そして、ティーチャートークと似た特徴を持つ「やさしい日本語」についても紹介し、多文化共生社会の日本で日本語教育に関する知識がどのように活用できるかについて、考えていきたいと思います。

☑ キーワード

ティーチャートーク、直接法、教室談話、IRF、フィードバック、やさしい日本語

1. 日本語を日本語で教えるための工夫

　第6章で学んだように、日本国内で教える日本語教師には、初級レベルから学習者の目標言語(＝日本語)を使って教える「直接法」という方法、つまり、最初から日本語で日本語を教えている人が多くいます。

　もちろん、学習者は日本語を知らないわけですから、直接法で教えるために教師は学習者のレベルに合わせて、語彙や文法のコントロール、話すスピードの調整、学習者が理解したかどうかの確認など、さまざまな工夫をしています。この工夫された話し方のことを「ティーチャートーク」といいます。

89

2. ティーチャートークの特徴

課題 1

　次の二つの説明を見てください。授業中、教師が学生にゲームの方法を説明しています。何のゲームかわかりますか。あなたが初級の学習者だったら、説明①と説明②、どちらの説明の方がわかりやすいですか。それはどうしてですか。周りの人やグループで話し合ってみましょう。

ゲームの説明 ①

教師：（ジェスチャーも交えながら、学生の顔を見てゆっくり話している）
　　　　これからゲームをします。見てください。
　　　　机の上にカードがあります。
　　　　私もカードを持っています。同じカードです。
　　　　私がカードを読みます。よく聞いてください。
　　　　どれですか。探してください。
　　　　同じカードを取ってください。
　　　　たくさんカードを取った人が勝ちです。
　　　　いいですか。

ゲームの説明 ②

教師：これからゲームをしますので、見てください。
　　　　机の上のカードと私のカードは同じものです。私がカードを読み上げますから、机の上のカードの中から同じカードを探して、見つけたらそのカードを取ってください。一番多くカードを獲得した人が優勝です。

　Chaudron（1988）は、英語教育における初級学習者に対するティーチャートークの特徴に関して次のように示しています。

1. 発話速度が遅くなる
2. ポーズが多くなり、時間も長くなる
3. 発音が強調され、単純化される
4. より基本的な単語を使用する
5. 文の複雑さが減る
6. 疑問文よりも平叙文や叙述文が多くなる
7. 自身の発話の繰り返しが多くなる

先ほどの説明①と説明②を比べると、どちらの方がティーチャートークの特徴に合っているでしょうか。ティーチャートークは、目標言語を学習者が理解できるよう、学習者のレベルに合わせて調整する話し方です。学習者にとっての「理解可能なインプット」(Krashen, 1985)は学習者の目標言語習得に有効であり、言語教師は学習者とのインターアクションの中でどれだけ理解可能なインプットを与えることができるかが重要であるとされています。

　日本語教師も直接法を用いた授業の中では上のようなティーチャートークを使いながら、学習者の言語習得を促進するために、理解可能なインプットを増やすことを心がけているのです。

　このように、学習者の言語習得を促進する役割を果たしているティーチャートークですが、学習者の言語能力が高くなるほど好感度が低くなるという研究結果もありますので、学習者のレベルに合わせて調整してください。

3. 教室談話の構造

　ティーチャートーク以外にも学習者の言語習得を促進するために日本語教師が工夫していることがあります。

　皆さんは教室での教師と学習者の会話はどのように行われていると思いますか。実は、教室で行われる教師と学習者のやりとりにはある決まった構造があります。それを、「IRF構造」と呼びます。IはInitiation（先制）、RはResponse（応答）、FはFeedback（フィードバック）です。次のやりとりを見てください。

```
教師　　：このりんごはいくらですか。　　　←I
学習者：300円です。　　　　　　　　　　　←R
教師　　：はい、そうです。いいですね。　　←F
```

　教師は質問、指示、説明などをI（Initiation）として行います。それに対して学習者は答え、行動、理解表示などをR（Response）として行います。教師はそのR（Response）に対する評価をF（Feedback）として行うのです。

ここで、このようなやりとりが日常生活の中でも現れるのかを考えてみましょう。

客	：このりんごはいくらですか。	←Ｉ
店員	：300円です。	←Ｒ
客	：はい、そうです。いいですね。	←Ｆ

　どうでしょう。最後の客の発言はかなり不自然ですね。このことからわかるように、教室で行われる評価的なＦ（Feedback）は日常生活とは異なった性質を持っています。学習者の理解可能なインプットを増やすことも重要ですが、教室でのやりとりは日常生活とは違う部分があることを意識して、できるだけ自然なやりとりを心がけることも大切です。

4. フィードバック

　日常生活とは異なった性質を持つフィードバックには、以下のようなものがあります。

　一つは学習者の発話や行動を受け入れたり褒めるなどする「肯定的フィードバック」です。肯定的フィードバックは学習者の学習のモチベーションを上げるのに非常に大切なものです。

　一方、言語学習の場において教師は学習者の誤用に対して何らかの反応をしなければなりません。それが「否定的フィードバック（訂正フィードバック）」です。否定的フィードバックには、学習者の誤用を指摘して修正を求める「明示的フィードバック」と、正解は提示するけれども学習者に修正は求めない「暗示的フィードバック」の2種類があります。次の(1)～(4)のフィードバックについて、明示的フィードバックか暗示的フィードバックかを考えてみましょう。

```
I →    教師：きのう、何をしましたか。
R →    学習者：ともだちとごはんをたべます。
F →    (1) 教師：「たべます」はちょっと変ですね。
       (2) 教師：「たべました」ですね。
       (3) 教師：ああ、私もともだちとごはんをたべましたよ。
       (4) 教師：そうですか。だれとごはんをたべましたか。
```

　(1)と(2)は明示的フィードバック、(3)と(4)は暗示的フィードバックです。

　学習者の誤用に対するフィードバックは、どの方法がいい・悪い、効果的・非効果的とは言えません。ですが、否定的フィードバックばかりで肯定的フィードバックがない、せっかく発言しても誤用に対して明示的フィードバックをされて発言が先に進まない、言語学習の場なのに間違えても訂正してくれない、などは学習者の学習のモチベーションに大きく関わります。いつ、誰に対してどのようなフィードバックを行うかは日本語教師にとって重要なスキルといえるでしょう。「否定的フィードバック（訂正フィードバック）」については第10章でさらに詳しく取り上げます。

課題2

　あなたが学習者だったら、教師からどのようなときにどのようなフィードバックをもらいたいですか。それはどうしてですか。周りの人やグループで話してみましょう。

5. ティーチャートークを社会で活かす —「やさしい日本語」

　皆さんは外国人との会話で何語を使って話すイメージがありますか。国立国語研究所の調査（2008年）を分析した研究（岩田2010）によると、日本に住む外国人のうち、英語ができる人は44%、日本語ができる人は62.6%だそうです。つまり、外国人だからといって英語が通じるわけではなく、むしろ、日本語の方が通じる確率が高いということです。

　ティーチャートークは学習者が理解できるよう、学習者のレベルに合わせて

調整する話し方です。先ほど、初級学習者に対するティーチャートークの特徴を紹介しましたが、そのような話し方を日常での外国人とのコミュニケーションに活かそうという取り組みがあります。それを「やさしい日本語」と呼びます。

　「やさしい日本語」は阪神淡路大震災（1995 年）などの大規模災害時の外国人への情報保障の検討から始まりました。大災害のとき、英語では十分に伝わらず、日本語は難しすぎたために外国人に正確な情報を提供できなかったからです。「減災のための『やさしい日本語』の研究」を行った弘前大学人文学部社会学研究室の 2005 年の実験によると、「落下物に備えて頭部を保護してください」の理解度は約 10％だったのに対し、「危ないので帽子をかぶってください」の理解度は約 90％にもなったそうです。

　やさしい日本語は現在、減災のためだけでなく、日常生活でのやさしい日本語として地方自治体による外国人への情報提供などで活用されています。やさしい日本語には、ティーチャートークの特徴がいろいろと取り入れられています。日本語教育の知見が、多文化共生が進む日本社会で活用されている一例といえるでしょう。

課題3

　「やさしい日本語」の活用事例として、以下のウェブサイトのようなものがあります。それぞれの事例で「やさしい日本語」がどのような目的や役割を持っているかについて考え、グループで話し合ってみましょう。

○NHK やさしいことばニュース（NHK）: https://www3.nhk.or.jp/news/easy/

○City of Yokohama（横浜市ホームページ）:
　　　　　　　　　　https://www.city.yokohama.lg.jp/lang/residents/ej/

○緊急地震速報・津波警報の多言語辞書（気象庁・内閣府・観光庁）:
　https://www.jma.go.jp/jma/press/1510/29a/tagengo20151029_dictionary.pdf

○多言語防災ビデオ「地震！その時どうする？」Part1: 地震に備えよう
日本語版（第 2 版）（（公財）仙台国際交流協会）
　　https://www.youtube.com/watch?v=3k3tRSaZP44
○MATCHA（やさしい日本語ページ）: https://matcha-jp.com/easy

（上記全て 2024 年 11 月 25 日閲覧）

6. 「やさしい日本語」の形

ティーチャートークは学習者が理解できるよう、学習者のレベルに合わせて調整する話し方なので、「これが唯一絶対」というものはありません。やさしい日本語も同じです。ただ、やさしい日本語の場合、以下のような大まかな目安があります。

・初級修了程度(旧日本語能力試験3級)の単語や文法を使う
・複文を避け、短い文で話す(書く)
・敬語を使わない

第14章で、皆さんは初級を修了した初中級レベルの学習者を想定して模擬授業を行いますので、やさしい日本語がちょうど皆さんが使うティーチャートークと同じレベルになります。

では、初級修了程度の日本語というのはどのような日本語なのでしょうか。まずは初級レベルの教科書を通して見てみてください。なんとなくイメージできるでしょうか。

では、ここで学んだことを踏まえて、次の課題をやってみましょう。

課題4

初中級レベルの学習者を対象に、次のようなロールプレイを行いたいと思います。ワークシートを使って学習者にわかるように説明・指示を考えてください。
===
　客：明日の友達の結婚式のために昨日デパートで服を購入したが、購入した服を家で確認したところ、サイズが違っていた。もう一度店に行き、服の交換を依頼する。
===
説明・指示を考えたら、実際に学習者に説明するように、グループでやってみましょう。　　　　　　　　　　　　　　　　※ヒントは次頁

ヒント

　まず、説明・指示の文を短く切ってください。複文は避けましょう。文が短くなったら、次に単語や文法を調整します。学習者が理解できるレベルかどうかは、やさしい日本語の判定ツールである「①やさにちチェッカー」や「②リーディングチュウ太」で確認してください。

　その他、できるだけ具体的に説明すること、しなければならないことがはっきりわかるような表現にすることに注意してください。実際に学習者に説明するときは、話す速さを遅くする、はっきり発音する、学習者が理解しているかどうかを確認する、などを心がけましょう。

---

① やさにちチェッカー（ver.0.26）: http://www4414uj.sakura.ne.jp/Yasanichi1/nsindan/
　→文章のやさしさを語彙・漢字・硬さ・長さ・文法の5つの指標で評価してくれます。

② リーディング チュウ太: https://chuta.cegloc.tsukuba.ac.jp/
　→語彙・漢字を旧日本語能力試験のレベルで判定してくれます。

（上記全て 2024 年 11 月 25 日閲覧）

7. まとめ

　本章では教師の発話の工夫であるティーチャートーク、教室内のやりとりとフィードバックについて考え、日本語教育の知見が活用された「やさしい日本語」についても紹介しました。

　ティーチャートークやフィードバックは学習者の言語習得促進のために教師が日々、積み重ねている工夫です。また、そのような方法が社会でも活用されています。これをきっかけに日常生活でも日本語学習者や外国人とのやりとりを意識的に行うようにしてみましょう。

もっと知りたい人へ

○ 庵功雄『やさしい日本語－多文化共生社会へ』(2016 ／岩波書店)
○ 岩田一成『やさしい日本語ってなんだろう』(2024 ／筑摩書房)
○ 岩田一成・柳田直美『やさしい日本語で伝わる！公務員のための外国人対応』(2020 ／学陽書房)
○ 村岡英裕『日本語教師の方法論 —教室談話分析と教授ストラテジー』(1999 ／凡人社)

引用文献：

岩田一成（2010）「言語サービスにおける英語志向－「生活のための日本語：全国調査」結果と広島の事例から」『社会言語科学』13-1, pp.81-94.
Chaudron, C. （1988）. *Second language Classrooms*. Cambridge University Press.
Krashen, S. （1985）. *The Input Hypothesis: Issues and Implications*. Longman.

資料：

「NHK やさしいことばニュース」NHK NEWS WEB　https://www3.nhk.or.jp/news/easy/
（2024 年 11 月 26 日閲覧）

「City of Yokohama」横浜市　https://www.city.yokohama.lg.jp/lang/residents/ej/
（2024 年 11 月 26 日閲覧）

「緊急地震速報・津波警報の多言語辞書」気象庁・内閣府・観光庁
https://www.jma.go.jp/jma/press/1510/29a/tagengo20151029_dictionary.pdf
（2024 年 11 月 26 日閲覧）

「多言語防災ビデオ「地震！その時どうする？」Part1: 地震に備えよう 日本語版（第 2 版）」(公財）仙台国際交流協会　https://www.youtube.com/watch?v=3k3tRSaZP44
（2024 年 11 月 26 日閲覧）

「MATCHA」MATCHA（やさしい日本語）　https://matcha-jp.com/easy
（2024 年 11 月 26 日閲覧）

「やさにちチェッカー（ver.0.26）」「やさしい日本語」科研グループ　http://www4414uj.sakura.ne.jp/Yasanichi1/nsindan/（2024 年 11 月 26 日閲覧）

「日本語読解学習支援システム リーディング チュウ太」https://chuta.cegloc.tsukuba.ac.jp/
（2024 年 11 月 26 日閲覧）

コラム 09

やさしい日本語は不自然な日本語？

好きな映画、音楽、小説などはありますか。もし雑談で、あなたがそのようなトピックについて次のような相手に話すことになったら、どのように話しますか。ちょっと考えてみてください。

相手① あまり親しくない先生
相手② とても親しい友人
相手③ 日本語を勉強し始めた留学生

私たちは普段から、コミュニケーションの相手に応じてさまざまな調整をして話しています。目上の人には少し緊張しながら敬語で話す、親しい友達にはリラックスしてカジュアルに話す、などはその調整のひとつです。そして、日本語学習者に対する調整が「ティーチャートーク」や「やさしい日本語」といえるでしょう。

日本には 2024 年 6 月末現在、約 360 万人の外国人が暮らしており、外国人とともに暮らすための方法としてやさしい日本語が注目されるようになってきました。例えば、NHK では地震や津波の報道の際に、「つなみ！　にげて！」とやさしい日本語で表記するなど、外国人も含めたすべての人の命を守るための取り組みを行っています。また、全国 300 以上の自治体や団体のホームページでは、外国語での情報発信に加え、やさしい日本語を使った情報発信も行われています(p.94 参照)。

一方、このような取り組みに対して「ことばが直接的で違和感がある」、「日本語の持つ美しさが損なわれる」といった声もあります。

やさしい日本語は日本人がこれまで接することの少なかったことばの使い方ですから、違和感を感じるのは当然かもしれません。でも、最初に考えたように、相手に応じてコミュニケーションの方法を変えるというのは私たちが普段から行っているごく自然な行為です。やさしい日本語をコミュニケーションの調整の一つとして認識できるようになるかどうか、日本人側の意識が問われている問題です。

_第10_章 教室でのやりとりと学習者へのフィードバック

この章のポイント！

日本語学習者の多くは日本語の上達を一つの目標として学んでいることでしょう。では、学習者が日本語を効果的に習得するために、教師はどんな支援ができるのでしょうか。

ここまでで見てきたように、授業前に教案作成や教材分析をしっかり行うことは、授業の質を高め、学習者の習得に貢献する可能性があるものです。ただし、それだけではありません。実際の授業中に教師が学習者とどのようなやりとりを行うのかということが、学習者の習得に貢献することが多くの研究によってわかってきました。この章では、授業における教師のパフォーマンスについて、学習者とのやりとりという観点から考えていきたいと思います。

☑ キーワード
教師と学習者のやりとり、インターアクション、意味交渉、訂正フィードバック、アップテイク

1. 教室における教師の役割は？

　第9章ではティーチャートークについて学び、日本語教師がさまざまな工夫をしていることが見えてきました。本章では、授業中の教師と学習者のやりとりをもう少し詳しく見ていきます。

課題 1

　皆さんは外国語を参考書や教材、オンラインツールなどを用いて一人で学ぶスタイルと、教室で教師やクラスメートとともに学ぶスタイルと、どちらが好きですか。その理由やそれぞれのメリット・デメリットについても周りの人やグループで話し合ってみましょう。

「準備は入念に、授業は大胆に。」いつもこのことばを唱えながら授業の準備をしています。皆さんも教壇に立ち、日本語を教えることになれば、多くの時間や労力を授業時間に充てることでしょう。しかし、事前準備をしっかり行いさえすれば、いい授業ができるのでしょうか。

よく「授業は生きものだ」という教師がいます。まったく同じ教案や教材で行う授業でも、学生が違えば授業の流れは大きく異なることがよくあります。その日の学生の気分や体調、母語、母文化、既有知識、動機づけや興味関心、不安などさまざまな要因が影響してくることでしょう。つまり、日本語教師は刻一刻と変化する目の前の状況に合わせて臨機応変に動き、対応する力が求められます。その上で、学習者が教師の発話や授業の内容を理解できているか、確認しながら授業を進行させていかなければならないのです。

2. 教室での教師と学習者のやりとり

それでは、実際に教室ではどのような教師と学習者のやりとりが行われているのでしょうか。次の例は、ある日本語クラスでの会話です。

> ①教　師：ジェフさん、週末、お祭りに行きますか。
> ②ジェフ：はい、行きます。
> ③教　師：6時から盆踊りがあるそうですよ。参加しますか。
> ④ジェフ：さん、さ、さ、さんかんしますは、えー、何ですか？
> ⑤教　師：さん、参加、参加します。えーっと盆踊りのメンバーがいます。
> 　　　　　6時から踊ります。ジェフさんもメンバーと一緒に踊りますか。
> ⑥ジェフ：あぁ、参加します！　わかった！　はい、私も盆踊りに参加す
> 　　　　　る予定です。

教室内で起こる目標言語（＝日本語）での教師と学習者のやりとりを「インターアクション」といいます。そして、特に④のジェフさんの発話のように、相手の言っている意図や意味がわからないときに、聞き返したり、確認したりすることで、自分にとって理解できるものになるようやりとりすることを「意

味交渉」と呼びます。先の教師とジェフさんの会話（①～⑥）では「参加します」という動詞が理解できなかったジェフさんが、「さん、さ、さ、さんかんしますは、えー、何ですか？」と教師に問いかけていましたね。その後、教師が参加するという動詞の意味を説明することで、ジェフさんは理解できるようになりました。このように、学習者は理解できないことばがあったとき、④のように「わからない」という合図を出し、意味交渉が始まります。意味交渉を通して、ことばが理解できるものになっていった結果、言語の習得が促進されると考えられています。学習者が理解できないことばをわかるように言い換えるのも、教師の大きな役割の一つといえるでしょう。

3. 学習者同士のインターアクション

　教室内でインターアクションをするのは、教師と学習者だけではありません。学習者同士におけるインターアクションも起こります。ここで、中国人のリュウさんとニュージーランド人のマリウスさんの事例を見てみましょう。

---

①リュウ　　：マリウスさんは、週末、あのーお祭りで何をしましたか。

②マリウス：えー、浴衣を着てー、盆踊りをちょっと踊りました。

③リュウ　　：えー、すごいですね。盆踊りが得意ですか。

④マリウス：はい、先週、ホストファミリー、えー、おし、お、教えくれ…、
　　　　　　教え、教えあげる、あぁ教えてもらう？　くれる、くれーえー。

⑤リュウ　　：え？　ホストファミリーに教えてもらったんですか。

⑥マリウス：えー、いえ、私がホストファミリーに教える、教えあげる。

⑦リュウ　　：え？　マリウスさんが？

⑧マリウス：わたし、2年前の盆踊り大会でチャンピオン、優勝しました。
　　　　　　だから、ホストファミリーに盆踊りを、教えてあげました。

⑨リュウ　　：　ええええ！　マリウスさんが教えてあげたんですか。すごい！！

第10章　教室でのやりとりと学習者へのフィードバック

101

左の①〜⑨の会話では、マリウスさんが「教えてあげた」と正確に言うことができず、⑤や⑦でリュウさんが、誰が誰に教えたのかを確認しています。その後、⑧でマリウスさんが盆踊り大会で優勝したことを補足したため、⑨でリュウさんはマリウスさんの意図を理解します。つまり、④から⑨までの間で「教えてあげました」という授受動詞の方向性に対して意味交渉が起こっているといえます。

　クラスメートとのインターアクションを通して意味交渉し、わかるようになった語彙や表現は印象に残りやすいという学習者もいます。教室で仲間と一緒に学ぶメリットの一つかもしれません。

課題2

① ワークシート①の2つの会話例を見て、どこでどのような意味交渉が起こっているか、考えてみましょう。
② 出身地が異なる人とペアを組み、方言が通じず、意味交渉を行っている会話をワークシート②に作成してみましょう。

4. 学習者の誤用に対する教師の対応とその重要性

　皆さんの中には、日本語教師として学習者とコミュニケーションを取りながら授業を展開する日を楽しみにしている人もいるでしょう。しかし、いざ教壇に立ってみると、学習者が産出する日本語として不自然な発話や文法的な誤用に対し、どのように対応したらいいのか悩むことも多いと思います。ここからは、学習者が誤用を含む発話をした場合の教師の対応について見ていきましょう。

 **課題3**

次の会話例を見てください。皆さんが教師の立場だったら、クリスさんの発話に対して、どのように対応しますか。周りの人やグループで話し合ってみましょう。

＜会話例＞
①教　　師：クリスさん、素敵な浴衣ですね。
②クリス：あぁ、ありがとうございます。でもこれは安いの浴衣です。
　　　　　次はもっとデザインがよくて、高いの浴衣が買いたいです。
③教　　師：　　　　　　　？　　　　　　　。

　小さな間違いなので特に言及せず会話を続けるという人もいるかもしれませんし、「「安いの浴衣」の"の"はいりませんよ。」と誤用を指摘するという人もいるかもしれません。後者のように、学習者が産出した文法・発音・語彙などの誤用に対して教師が何らかの対応を行うことを「訂正フィードバック」と呼びます。もう少し例を見てみましょう。

---

①教　　師：クリスさん、素敵な浴衣ですね。
②クリス：あぁ、ありがとうございます。でもこれは安いの浴衣です。
　　　　　次はもっとデザインがよくて、高いの浴衣が買いたいです。
③教　　師：え、安い浴衣なんですか。
④クリス：はい、とても安いの浴衣です。セカンドハンドの店で見つけました。
⑤教　　師：そうですか。クリスさん、安い…の浴衣？
⑥クリス：あっ、あっ、すみません。安い浴衣、はい、安い浴衣です。
⑦教　　師：そうですね。
⑧クリス：先生、あの、デザインがよくて、高いのゆ、あー高い浴衣、えー高い浴衣はどこで買えますか。盆踊りのときに新しい浴衣が着たいです。

クリスさんは②の発話では「安いの浴衣」「高いの浴衣」と形容詞と名詞の間に「の」を入れてしまっています。③の波線部で教師が「安い浴衣なんですか」と正しい形式で繰り返すことにより、訂正フィードバックをしていますが、クリスさんはそれに気づかず、④で再び「安いの浴衣」と言っています。その後、⑤の波線部で教師が「安い…の浴衣？」と誤用部分をあえて強調するような発言をしたことで、クリスさんはようやく誤用に気づいたようで、⑥では「安い浴衣」、⑧でも「高い浴衣」「新しい浴衣」と正しい形を使うことができました。このように、訂正フィードバックは、教師が正しい答えを与えるかどうかということと、どのように間違いであることを学習者に知らせるかという観点から、表1のように分けることができます。

表1：訂正フィードバックの種類

適切な答えを教師が示すもの	
明示的訂正	間違っている箇所を示し、正答を与えて訂正する。 例：「安い」は「い」で終わる形容詞ですから、名詞の前の「の」 　　はいりませんね。
リキャスト	学習者の発話を繰り返すが、その際に間違った箇所を適切な形式に訂正する。 例：え、安い浴衣なんですか。
何らかの反応を教師は示すが、適切な答えは与えず、学習者に対処を促すもの	
明確化要求	聞き返し、追加説明などを学習者に求めることで、学習者自身に誤用への気づきと訂正を促す。 例：え？　もう一度？
引き出し	学習者の発話を繰り返すが、間違いの箇所の手前で止め、学習者自身に誤用への気づきと訂正を促す。 例：これは安い…？
繰り返し	学習者の発話を繰り返すことで、学習者自身に誤用への気づきと訂正を促す。 例：高いの浴衣…が買いたいです？
メタ言語的訂正	言語規則に関するヒントを出す。 例：形容詞＋名詞のときは、どうなりますか。

(Lyster and Ranta(1997)の分類を参照、日本語訳、例文は筆者による)

さて、課題3で皆さんが考えた対応は、表1の中にあったでしょうか。

訂正フィードバックにおいて重要なのは、学習者の誤用に対し教師ができる対応には、適切な答えをすぐ示すものだけでなく、学習者が誤用に気づき、自ら対処するよう促す方法もあるということです。いくつかの研究では、学習者が自ら言語形式の誤用に気づくことが習得を促すと主張されています。表1にあるような学習者自らに対処を促す訂正フィードバックを状況に応じて与えることは、学習者の習得を支援する上で教師ができる大事な役割だといえるでしょう。

日本語の授業を見学するときには（→第12章参照）、ぜひ教師がどのような訂正フィードバックを出しているか注目してみましょう。実際には、学習者の反応やレベルに合わせて、「これは安い…？　形容詞＋名詞のときは、どうなりますか」というように、教師は複数の種類を組み合わせてフィードバックを与える場合があることに気づくでしょう。また、発音の誤用にはリキャスト、目上の人に対する敬語の不使用といった誤用には明示的訂正、というように、誤用の種類によって使用するフィードバックを使い分けている教師もいます。学習者同士での会話が盛り上がっている場合には、誤用があっても途中で介入せず、あとからまとめて訂正するなど、教師側のさまざまな配慮や工夫も見えてくることでしょう。

5. 訂正フィードバックに対する学習者の反応

学習者の誤用に対して、教師が必要なタイミングで訂正フィードバックを出すことは重要ですが、学習者はそれらを正しく認識したり、習得につなげたりすることができているのでしょうか。先ほどの教師とクリスさんの会話（p.100）で確認してみましょう。クリスさんは⑥で「あっ、あっ、すみません。安い浴衣、はい、安い浴衣です。」と教師の訂正フィードバックに気づいたことを示しています。このように訂正フィードバックを受けたあとに学習者が示す何らかの反応のことを「アップテイク」といいます。アップテイクには「あ、間違えました」というようなものもあれば、クリスさんのように「安い浴衣です」と正しく修正した形式を産出するものもあります。学習者が誤った形式を

正しく言い直せるまで、教師がじっくり待つことも時に大切でしょう。

6. まとめ

　以上のように、本章では実際の教室における教師の役割について見てきました。日本語教師にとって、ほかの先生や自分自身の授業を分析的にとらえることは大事なスキルの一つだと思います。かつては、訂正フィードバックのうち、どのフィードバックが習得に最も効果的かといったような研究や議論が盛んに行われたこともありますが、最終的に一つの大きな結論には至っていません。それよりも、今の皆さんにとっては、目の前にいる学習者に対して、どう対応するのか、その方法の引き出しをたくさん持っていることが重要です。また、インターアクションや意味交渉を通して、学習者の習得が支援できることを知り、教師が一方的に話すだけでなく、学習者とのやりとり、学習者同士のやりとりを大事にすることも必要です。本章で学んだことが、皆さんが実際に授業見学する際や授業を行う際に役立つことを願っています。

もっと知りたい人へ

- 大関浩美『日本語を教えるための第二言語習得論入門』（2010／くろしお出版）
- 大関浩美（編著）名部井敏代・森博英・田中真里・原田三千代（著）『フィードバック研究への招待―第二言語習得とフィードバック』（2015／くろしお出版）

引用文献：

- Roy Lyster and Leila Ranta (1997) Corrective Feedback and Learner Uptake: Negotiation of Form in Communicative Classrooms. Studies in Second Language Acquisition 19, pp.37-66.

コラム 10

私が日本語教師を目指すまで

　「まずは英語を発音するためのストレッチから始めましょう！」スコットランド出身のボブ先生によるこの一言からスタートする授業が、当時高校生だった私の夢を決めることになりました。

　夏休みに一日6時間の英語集中レッスンを受けたときのことです。ボブ先生は、口腔内のイラストを用いた発音指導から、ゲーム形式のコミュニケーション活動、英語の歴史的な変遷や方言、日本語の影響で間違いやすいポイントなど、とにかくさまざまな方法で授業を展開していきました。英語学習に関する情報だけでなく、スコットランドでの日常生活や伝統的な衣装、食べ物、クリスマスの過ごし方など、文化に関する内容も織り交ぜられた先生の語りは、教室にまさに異国の空間を作り出していました。一週間のレッスンを終えたとき、私の中で「私も自分の母語を専門的に教え、学習者に感動を与えたい！」という思いが生まれました。

　最後の授業の日、私はボブ先生に「どうすれば先生のような"great teacher"になれるのか」とたずねました。するとボブ先生は、「本気で語学教師になりたいと思うのなら、語学教育を専攻できる大学できっちりトレーニングを積んでみなさい。君にはたくさんの可能性がある」とアドバイスをくれました。

　それから数年後、私は日本語教育を専攻できる大学に進学し、教授法や日本語の歴史、第二言語習得などさまざまな分野を深く学びました。すると、ボブ先生がいかに最新の教授法や言語習得研究に基づく知見を取り入れた授業に挑戦していたのかということに気づきました。現在、私が教壇に立ちながらも「ずっと学び続ける教師でありたい」と思うきっかけになったのもそんな先生の姿勢からです。

　皆さんも、学習者の人生を変えるほどの感動を与えられる日本語教師を一緒に目指してみませんか。

第**11**章 授業の流れを考えてみよう

この章のポイント！

ここ数十年で外国語教育の主流は大きな変化を遂げています。とりわけ、外国語を母語に翻訳していく教え方から、コミュニケーション能力の育成を重視したアプローチへの変遷は、授業の展開や内容に大きな影響を及ぼしました。この章では、日本語の授業で教師が用いる教案について知り、皆さんが実際に授業を行う際にどんな流れで授業を組み立てればいいのか、近年注目されている二つのアプローチについて学びます。学習者の立場を想像しながら、教案作成や授業の展開を考え、授業準備を進めていきましょう。

☑ **キーワード**

授業の流れ、教案、文型ベースのアプローチ、タスクベースのアプローチ

1. 日本語の授業と教案作成

　日本人だからといって誰もがすぐに日本語の授業をできるわけではありません。授業前には、授業の計画を立てる必要があります。授業の計画を書き出したり、打ち出したりしたものを教案(もしくは、指導案)といいます。教案は、教師が授業を進行、展開する際の目安となるだけでなく、学習者の疑問やつまずきなどの反応を予想し、それに対する応答を準備するためにも大事なものです。

課題1

　教案に必要な情報とは、どんな情報でしょうか。思いつく限り、書き出してみましょう。そのあと、周りの人やグループで話し合ってみましょう。

2. 教案には何を書く？

教案に必要である主な情報は以下のとおりです。

① 授業の日時、対象者の情報（レベル、母語、人数、年齢層など）
② 授業の目標
③ 教師の目標
④ 新出語彙、表現
⑤ 授業の時間配分
⑥ 教師の発話と行動
⑦ 学習者の発話と行動
⑧ 板書計画、メモ

　ここでは一例として、ある教案をご紹介します。近年は Excel などを利用して教案を書くことが多くなってきていますが、手書きでも構いません。活動ごとにカードに分けて作成する場合もあります。

> 授業に慣れるまでは
> 教師の行動目標も
> 書いておこう

> 突然本題に入らず、
> ウォーミングアップで
> 雰囲気作りを

> 新出語彙を確認して
> できるだけ
> 授業の中で使っていこう

日時	2025 年 4 月 8 日 10 時〜10 時 45 分	対象者	初級、20 名、留学生／中、韓、米、仏、独、馬など

授業の目標	・［A たり B たり］を用いて、過去にした複数の出来事を述べることができる ・［A たり B たり］を用いて、ゴールデンウィークにしたいことを述べることができる
教師の目標	答えをすぐに提示せず、学習者から待って引き出す
新出語彙	散歩します、遊びます、旅行します、写真を撮ります…

> 教材を配る
> タイミングや
> 板書計画も
> 書いておこう

時間	教　師	学習者	板書・メモ
10：00	●挨拶（5min） みなさん、こんにちは、お元気ですか。 元気です。昨日、髪を切りました。 どうですか？	はい、元気です。先生は？ いいですね！	
10：05	●復習：夕形（5min） みなさん、週末何かしましたか？ 誰と？／どうだった？	宮島へ行きました／カープの試合 を見ました／何もしませんでした	＊新出語彙は左に板書 りょこうします（V） なにもしませんでした
10：10	●文型導入（5min） 私は土曜日、京都へ行きました。見てください（桜の写真）。 有名なお寺へ行きました。抹茶パフェを食べました。神社へ行きました。着物を着ました。おみやげを買いました。友達に会いました。鴨川を散歩しました。 →私は京都で有名なお寺へ行ったり、着物を着たりしました。	▶たくさんの出来事の中から 2〜3つの出来事をピックアップして述べるという機能を理解する。 ・学習者の実際の例を出して、理解を促す。 ▶「〜たり」は 2〜3つ繋げて使うことが多い。	□桜の写真 □京都観光の写真

> 時間が足りない時どの活動を
> 削るかも先に考えておこう

> 学習者から出るであろう
> 発話を想定して説明できるように
> しておこう

図 1：教案 1（見本）と留意点　※教案 1（見本）は付録②（p.160）もご参照ください。

ペアワークやロールプレイなどの活動を計画する場合には、単にそれらを行うということを書くだけでなく、学習者にどのような指示を出して説明するかまであらかじめ考えて書いておく必要があります。初級学習者などでことばでの説明が難しい場合には、教師が見本を見せるという方法も効果的です。第13章の実習では、実際の授業に向けた教案作りに取り組みますが、そのまえに図1を見て、留意点（網掛け部分）を押さえておきましょう。

3. 授業の大きな流れを考えよう

　教案にどんなことを書けばいいのかについては、2節でお話ししました。しかしながら、一体どんな順序で授業を展開すればいいのでしょうか。
　皆さんがこれから日本語を教える実習先や教育機関の多くが、
①コミュニケーション能力を育成することを大きな目標としている
②目標言語（＝日本語）を用いて授業を行っている
③学習者が授業の主体（中心）でペアやグループでの活動を積極的に取り入れ
　ている
と考えられます。このような教育目標に適した指導法として、ここでは「文型ベース」と「タスクベース」と呼ばれる二つのアプローチを順に見ていきましょう。

4. 「文型ベース」の授業の流れと展開

　文型ベースのアプローチは、学習文型（例えば「〜てください。」）の練習を繰り返すことで正確な知識を身につけることに重きを置いたもので、従来から多くの外国語教室で採用されてきました。主な授業の流れとしては、まずその日に学習する文型の導入があり、機械的な練習を繰り返すことで口慣らしをしてから、会話練習などをする、というものです。導入、練習、産出 (Presentation, Practice, Production) という流れの頭文字を取って、「PPP」と呼ばれることもあります。導入部分で学習文型を提示する方法には、絵や写真、小道具やスキット（短い劇）などを用いることでその文型が使用される場面や状況を創りだすといった帰納的な方法のほかに、媒介語を用いて文法説明をするなど、演繹

110

的な方法も用いられます。文型の機械的な練習はドリルやエクササイズ（応用練習）と呼ばれることもあり、単に教師の発話を繰り返させる「反復練習」のほか、「食べます」「パンを食べます」「毎日パンを食べます」のように徐々に長い文にしていく「拡大練習」、「太郎さんはパンが好きです」「花子

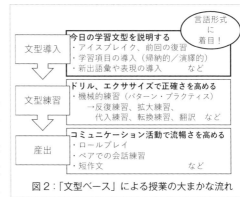

図2：「文型ベース」による授業の大まかな流れ

さんはパンが好きじゃありません」のように文の一部を入れ替える「代入練習」、「食べます」「食べて」のように活用形を言わせる「転換練習」などの種類があります。教師には、どのような練習をどのくらいするのか、教案を書く時点で計画を立てておき、実際の授業では学習者の様子を見ながら柔軟に対応することが求められます。

産出の段階では、学習者が学習した文型を教室外で使用できるようになることを目指し、「ロールプレイ」や「会話練習」といったコミュニケーション活動を行います。どのような方法で産出させるか、また、どのような場面や状況を設定するか、学習者の生活を想像しながら考えるといいでしょう。文型ベースのアプローチは、授業の始めに提示された学習文型を最終的に学習者がどのくらい正確に使えるようになったかという観点から評価を行います。

5. 「タスクベース」の授業の流れと展開

タスクベースのアプローチは、「Task-Based Language Teaching（TBLT）」とも呼ばれ、外国語教育において近年注目されているアプローチです。ここでいうタスクとは、例えば「郵便局で一番安い方法で小包を送る」や「風邪で期末試験を受験できないことを先生に伝え、追試やレポートで単位をもらえるよう交渉する」というような日常的に起こり得る課題を指します。タスクベースのアプローチでは、文型ベースのアプローチのように、授業の始めに使うべき文型が明確に示されることはありません。そのため、授業冒頭での学習者の注意は、形式より意味に向いていると言われます。

授業の流れとしては、最初にタスクが提示され、タスクを順調に遂行するために必要な背景知識や語彙や表現などの確認をします。次に、学習者はその時点で自身が持っている言語能力や非言語能力を駆使しながらタスクを遂行し、成果を共有する

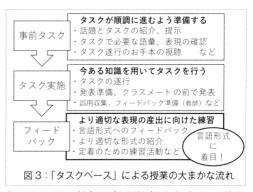

図3：「タスクベース」による授業の大まかな流れ

場合には発表の準備などを行います。この間、教師は机間巡視などをして学習者ができていることとできていないことを把握します。その後、教師は気づいた点や学習者の誤用に対してフィードバックを行うことで、学習者の意識を言語形式に向けさせます。タスクベースのアプローチでは、ある文型が使えるようになったかどうかではなく、与えられた課題を学習者がどれだけ達成できたかという観点から評価を行います。

表1：文型ベースとタスクベースの比較

	文型ベース（PPP）	タスクベース（TBLT）
授業の流れ、言語形式に着目するタイミング	最初に学習文型が提示され、機械的な練習、応用練習（エクササイズ）という流れで言語形式の定着を図る。	最初に達成すべきタスクが提示され、タスクを達成するためのコミュニケーション活動を行ったあとで、不足している言語形式についてフィードバックを受ける。
評価の観点	教わった文型をどれだけ正確に産出（運用）できるか。	与えられた課題をどれだけ達成できるか。

　学習者のモチベーションを上げるためには、学習者のニーズ（必要性）に合ったタスクを設定することが大切です。学習者が教室外でどんなときに困っているのか、日頃から外国人の生活を観察しておくといいでしょう。

　タスクとして取り上げる場面や状況が決まったら、そのタスクを達成するためにどんな行動を取る必要があるのかについても考えてみましょう。例えば、先に述べた「郵便局で一番安い方法で小包を送る」というのは、さまざまな送り方の料金情報をリストアップし、比較するという行動が必要となります。

「風邪で期末試験を受験できないことを先生に伝え、追試やレポートで単位をもらえるよう交渉する」場合には、理由を述べながら問題を解決するという行動が必要になるでしょう。このように、一つのタスクを遂行するためには実にさまざまな行動を取る必要がありますが、その際に必要な語彙や表現を教師があらかじめ紹介することでタスクがスムーズに遂行できることもあります。どのような過程を経てタスクを達成するのかについては学習者に任せられていますが、どのような行動が起こるのかについて教師は想定しておくことが大切だといえるでしょう。

課題2

以下の質問について、周りの人やグループで話してみましょう。
①今まで受けてきた外国語の授業は「文型ベース」と「タスクベース」のどちらのアプローチでしたか。
②図1と図4のはそれぞれどちらのアプローチに沿って作成されたと思いますか。各アプローチの違いがどんな部分に表れているか図1と図4を比較しながら意見を出し合いましょう。
③二つのアプローチはそれぞれ、どのような学習者や目的・ニーズに合うと思いますか。なぜそう思うのか、理由も説明しましょう。

日時	2025年4月8日10時〜10時45分	対象者	初級、20名、留学生／中、韓、米、仏、独、馬など
タスク	休日の過ごし方についてクラスメートと会話し、一緒にしないかと誘う			
教師の目標	答えをすぐに提示せず、学習者から待って引き出す			
時間	教　師	学習者	板書・メモ
10：00	●挨拶(5min) みなさん、こんにちは、お元気ですか。 元気です。昨日、髪を切りました。 どうですか？	はい、元気です。先生は？ まぁまぁだと思います。／微妙です。	
10：05	●事前タスク ＞タスクを提示する(3min) <u>休日の過ごし方についてクラスメートと会話し、一緒にしないかと誘う</u>	意味を確認	※語彙はパワーポイントで写真と共に提示 ＊新出語彙は左に板書 りょこうします(V) なにもしません
10：08	＞語彙提示(5min) ・語彙カード配布 映画を見る、ゴロゴロする、バイトする…	語彙カードの意味をペアで確認する、休日に自分がよくする過ごし方順にカードを並べる、ペアで見せ合う	□語彙カード
10：13	＞聴解タスク(7min)	大学生男女の休日についての会話を聞き、聞き取れた言葉をペアでシェア、内容推測	□聴解音源
10：20	●タスク実施(13min) ・カード配布(一人5枚ずつ) みなさん、ゴールデンウィーク(連休)に何がしたいですか。 書いたら、ペアで話しましょう。	・連休中に近くで開催されるイベントや日帰り旅行のパンフレットなどを見ながら、連休中にしたいことを複数カードに書く ・分からない語彙は教師に聞く	□白いカード □パンフレット ※自然な相槌と追加の質問 ※ペアは次々変更する

図4：教案2(見本)　※教案2(見本)は付録3(p.161)もご参照ください。

6. どんな学習者に向いているか

　二つのアプローチの違いがわかったところで、自分が教える学習者にとってどちらが適しているか考えてみましょう。一概には言えませんが、文型ベースのアプローチは正確さに重きを置いた練習を繰り返し行います。教師側も学習した文型を学習者が使用できるようになったかどうかという視点から評価するのが一般的です。それに対し、タスクベースのアプローチはコミュニケーションの機会をできるだけ多く作り、多少使用する言語表現が正確でなくても、課題自体を遂行することに重きが置かれます。それに伴い教師も、文型を正確に使えたか否かではなく、何らかの方法でうまく課題を遂行できたかという観点から学習者を評価することになります。こうした特徴から、前者は筆記試験対策など文法知識を着実に積み上げていきたい場合に向いており、後者は教室外で実際に日本語を使いながらコミュニケーションを取ることを目標とする場合に向いていると言われています。ただし、文型を最初に導入した場合でも産出の段階で日常生活に起こり得る場面や状況を設定し、現実味の高いコミュニケーションを意識した練習を行ったり、タスクのあとで文型に着目させたあと、その文型を定着させるための練習を多めに行ったりなど、両者の特徴を取り入れた折衷案を採用することも可能です。なお、タスクベースのアプローチはまだ第二言語を運用することがあまりできない初級レベルの学習者にとって難しいと思われがちですが、近年ではリスニング（聴解）やリーディング（読解）中心のタスクとして取り入れていくことが推奨されています。例えば、授業の前半であらかじめ必要な語彙を学んだ上で、電車の駅の緊急アナウンスを聞いて、何が起こったのかやどんな行動を取るべきなのかをリストから選択するタスクであれば、初級学習者でも取り組みやすいタスクとなるでしょう。自分が対象とする学習者のニーズや特徴、学習目的、評価の方法などを踏まえながら、どんなアプローチを採用するのかじっくり考えてみましょう。

課題3

　次のような日本語コースで日本語を教えることになった場合、あなたはどちらのアプローチを用いて教えますか。その理由も考えて、グループで話し合ってください。

【日本語コースA（週に1時間半、全10回）】
・地域の日本語教室に通う学習者15名、初級レベル
・配偶者の仕事の都合で来日し、帰国日は未定（半年〜4年程度）。
・インターナショナル系の保育園か幼稚園に通う子どもがいる。
・日本語を使用するのは、市役所や買い物、銀行、ママ友との会話など。

【日本語コースB（週に10時間、全4年間のコースのうちの1年目）】
・中国の大学で日本語を勉強する大学1年生20名、初級レベル
・2年生後期になったら日本の大学に2年間留学する予定である。
・4年生になったら、日本語で卒業論文を書く必要がある。

【日本語コースC（週に5時間、前期・後期の1年間）】
・日本国内の国立大学で勉強する学習者10名、初級レベル
・日本語の授業を履修するのは1年時のみ。それ以降は自学する。
・授業やゼミは基本的には英語で行われるため、日本語を使用する機会は
　日本人の先生、友人との会話やスーパーなどの日常生活のみ。

7. まとめ

　以上のように、本章では実際に日本語を教える前の準備として、具体的な教案の立て方、そして、授業の展開の例として「文型ベース」と「タスクベース」という二つのアプローチについて紹介しました。第13章で実際に教案を作成する際の参考にしてみてください。教案作成は、最初からうまくいくものではありません。学習者の立場に立って考えたり、いろいろな人のアドバイスを聞き入れながら、徐々に高めていくつもりで挑戦していきましょう。

もっと知りたい人へ

- 小口悠紀子「スタンダードを利用したタスク・ベースの言語指導（TBLT）」『語から始まる教材作り』pp.17-30（2018／くろしお出版）
- 小口悠紀子「大学の初級日本語クラスにおけるタスク・ベースの言語指導ーマイクロ評価に基づく考察を中心にー」『日本語教育 174』pp.56-70（2019／日本語教育学会）
- 畑佐由紀子『日本語の習得を支援するカリキュラムの考え方』（2018／くろしお出版）
- 畑佐由紀子『学習者を支援する日本語指導法Ⅱ』（2023／くろしお出版）
- 松村昌紀（編）『タスク・ベースの英語指導　TBLT の理解と実践』（2017／大修館書店）

コラム 11

イラスト教材をたくさん使う先生は
いい先生なのか？

　皆さんは自分のどんなところが日本語教師に向いていると思いますか。私は子どもの頃から、絵や工作が得意だったので、手作りのイラスト教材をたくさん使って授業できることを教師としての強みとしていました。特に大学時代にボランティアで日本語を教えていた頃は、学習者や教師仲間から「絵カードが上手」「手作りの教材がたくさんあってわかりやすい」「工夫が多く、見ていて飽きなかった」など、好意的なコメントをもらうことが多く、嬉しく思っていました。

　しかし、トルコの大学で教育実習を行った際、現地でお世話になったエルドアン先生に「不要な絵カードを全部捨てなさい！　次の授業は教材を一切使わずに、自分のことばで説明すること。いいわね！」と厳しく言われたのです。そのとき、私は「イラスト教材を使う先生はいい先生だ」という強いビリーフ（信念）に自分が囚われていたことに気がつきました。つまり、私は絵に頼りきりで、語学教師でありながらも「ことばでことばを説明する」ことをサボっていたのです。学習者に与える日本語のインプットもきっと少なくなっていたことでしょう。

　このように教師の行う授業には、自身が育った環境や受けてきた授業、学習経験などに基づくビリーフが付きまといます。例えば、単語はとにかく書いて覚えるのが一番だから、100 回書いて練習させるというのも、その教師が持つビリーフの 1 つです。しかし、学習者はさまざまな学習スタイルを持っており、単語帳で覚えるのが得意な人もいれば、絵を描いたり、発音したりして覚えるのが得意な人もいます。どの方法が効果的なのかは学習者によって違うのです。

　自分自身が持つビリーフを客観的に見つめ直すこと、また学習者の多様性に配慮することが、現場の教師には求められます。外国語学習や教育について、自分がどんなビリーフを持っているのか、一度ゆっくり考えてみませんか。

第12章 〈実習①〉日本語授業の見学

この章のポイント！

皆さんは日本語の授業を見たことがありますか。もし、皆さんの学んでいる大学に留学生が日本語を学ぶ別科やセンターがあれば、ぜひ、授業見学をさせてもらいましょう。ここまでで、日本語教育のいろいろな知識を学んできましたが、「百聞は一見にしかず」とはよく言ったものです。実際に授業を見学し、どのような学習者を対象に、どのような方法で教えられているのか、教室内では何が起こっているのか、授業の流れはどうか、雰囲気はどうか、学習者はどこでつまずくのか、教師はどう対処するのかなど、教師側と学習者側、両方の視点で、教室のダイナミズムをぜひ感じてみてください。そして、自分が教師の立場に立った際にはどうするかを考えてみてください。この章では、授業見学の際の心得や、観察のポイント、授業観察の意義について考えていきます。

☑ **キーワード**
授業見学、授業観察、教室内インターアクション、
スキャフォールディング

1. 授業見学の前に

ここからは、実際の授業現場を見ていきましょう。

課題 1

授業見学をするにあたり、あなたは自分の行動についてどのようなことに注意しようと思いますか。授業見学の前と授業見学中を想定して考えて、周りの人やグループで話し合ってみましょう。

まず、実際の授業見学に行く前に準備しておくべきことについて確認しておきましょう。

授業見学の前に、できればその授業がどのような「シラバス」で行われているかを調べ、見学する回の授業が、一学期の授業全体の中のどこに位置するのか確認しておいてください。そして、それまでに学習者が学んできたことや、やってきたこと（場面や機能、内容、既習語彙や文型、表現など）を把握しておきましょう。そうすることで、見学する回の授業の目的や、教師の指示の意味などが理解しやすくなります。使用教科書があれば、事前に入手し当日持参しましょう。

教室の中の構成員は通常、教師と学習者です。見学をさせてもらうということは通常の教室とは違う他者が入り込むということで、それにより学習者や教師がいつもより少し緊張するということもあるかもしれません。

そのような中、見学を許可してくださった先生や学習者の方々には感謝し、見学させてもらってください。また、授業によっては、学習者とペア練習の相手を頼まれたり、モデル会話をお願いされたりすることもあるかもしれません。その場合には変に恥ずかしがったりせず、気持ちよく応じましょう。もうひとつ、大事な注意点があります。遅刻だけは絶対にしないでください。日本語の授業を見せていただくのに、実習生が途中で入って、授業を中断させてしまうなんてことがあってはなりません。授業の最初の空気感を教師がどう作るのかも見どころのひとつですので、見逃すわけにはいきませんよね。あと、携帯やスマートフォンなどが鳴ることのないように注意しましょう。

課題2

　授業見学をする際にどのような観点から観察するといいと思いますか。それはなぜですか。考えてみましょう。

2. 授業観察のポイント

では、いよいよ授業観察です。大きな観点としては「授業全体の流れや教室の雰囲気」「活動の内容」「教室内インターアクション（やりとり）」などから見ていくといいでしょう。

授業の開始時、教師は学習者とどのような話をしていますか。一見雑談の

ようですが、この雑談から前回学んだことやその日に学習する内容や文法事項が出されることもあるかもしれません。また他愛のない世間話をしているようで、その日の学習者の様子を知り、教室の雰囲気作りに一役買っていることも少なくありません。また、どのように授業の進め方をしているのか、学習者の集中力を見ながらどのように授業の緩急をつけているのか、活動の流れはどうか、時間の配分はどうか、大きな視点で授業をとらえましょう。教室の中の机の配置のしかたや、教室の掲示物などが教室の雰囲気にどのような影響を与えているのかも観察してみましょう。

　また教師の行動を観察する際には、学習者がタスクに取り組んでいる間、教師は何をしているのか、教師の発話量はどうか、話し方、声の大きさ、説明のしかたはどうか、媒介語は使用しているか、どのように学習者を指名しているのか、ペアやグループの決め方、指示の出し方はどうか、フィードバックのしかたやタイミングはどうか、教科書、副教材、教具の使い方、板書のしかたなど、よく観察してみてください。

　例えば、ある先生は、板書の際も学習者に背を向けず、常に学習者から目を離さずに授業をしています。学習者の指名のしかたも順番にあてることもあれば、ランダムにあてているようで、学習者の作業の進捗状況やレベル、性格に配慮してあてる順番や項目を変えていることもあります。このように、何気ない教師の行動にも学習者への配慮が現れていることがあります。職人ワザとも言える教師の行動とその意味をよく考えてみましょう。

　同時に、学習者や学習者同士の様子にも注目してみましょう。学習者が集中しているときの様子、わからないときの様子、わかったときの様子はどのようなものでしょうか。学習者は何につまずくのでしょうか。学習者がわからないときや、間違えたとき、タスクが達成できないときに、教師はどのような手助けをしているでしょうか。学習者自身に質問をして気づきを与えたり、タスク達成に必要な表現を補足したりするかもしれません。学習者が自力でタスクや課題が達成できない場合に自力でできるようになるためのサポートや手助けを「スキャフォールディング」といいます。教師は学習者の様子をよく見て、その学習者に合ったスキャフォールディングをしています。許可が取れれば、学習者が何をノートに書いているのか、どのようなときに辞書やスマートフォン

などで調べるのかについても観察してみましょう。ペアワークの際の学習者同士のやりとりでは、母語や媒介語が使用されているかも注意して見てみましょう。教えるのは教師だけとは限らず、わかっている学習者が母語や媒介語でわからない学習者に説明してあげることもあります。学習者同士でなされるスキャホールディングも非常に効果的なことがありますので、よく観察してみてください。教室には積極的な学習者もいれば、静かな学習者もいます。学習者の一人ひとりの性格も教室のやりとりや雰囲気に大きく関わっていることが見えてくるでしょう。このように日本語教室の中で起こっていること、教室内インターアクションをよく観察してみると、さまざまな要因が相互に作用していることが見えてきます。

課題3

上記に書いた観察のポイントは例としてあげています。自分たちが授業見学をする際に観察したいポイントを具体的にリストアップしてまとめてみましょう。また、グループ内で観察すべきポイントを分担して、観察してもいいでしょう。

3. 授業観察をしてみよう

授業観察シートを用いて、授業を観察してみましょう。課題3.で考えた観察のポイントをもとに、実際の様子を客観的に記録することと、自分の気づきや感じたことなどの主観的な部分とを分けて記録しておくとよいでしょう。

 **課題4**

授業観察シート(ワークシート)を用いて、授業を観察してみましょう。

日時		教師		クラス	
学習者 (国籍・人数)					
授業の内容					
使用教科書・ 副教材・教具など					
時間・ 授業の流れ	教師の 行動や様子		学習者の 行動や様子		気づき 感じたこと

課題5

　観察者によって観察したポイントや気づいた点、感じたことも異なると思います。授業観察シートをもとに、それぞれ観察して気がついたことをグループでシェアしてみましょう。そのあと、ほかの人の観察記録で参考になった部分や取り入れたいと思ったことについて、まとめてみましょう。

4. まとめ

　本章では、授業見学を行う際の心得や観察のポイントなどについて考え、実際に授業観察を行いました。授業観察をすることにより、授業の進め方や教師の学習者への対応のしかたや話し方、学習者の反応などがわかり、日本語の教室がどのようなものか具体的に理解できたと思います。また、自分たちが実習や模擬授業をする際に、教室内の様子をイメージしながら授業計画を立てやすくなるはずです。

　ただ、実際にやってみようと思うとそう簡単にはできないことにも気づいたのではないでしょうか。自分にどのような能力が不足しているかを認識し、観察の気づきから得たことを活かして、実習や模擬授業をよりよいものにしてい

きましょう。自分たちで、ポスターを作成し、実習の指導教員や、留学生のいる機関に協力してもらい、学習者を自分たちで集めて実施してもよいと思います。

もっと知りたい人へ

○ 横溝伸一郎『日本語教師のためのアクション・リサーチ』(2000 ／凡人社)

コラム 12

マイノリティ経験の重要性

　日本で日本語を教えていると、どうしてもマジョリティ側の視点から考えて物を言ってしまうことがあります。「日本ではその言い方は失礼なので気をつけましょう」、「目上の人には敬語を使いましょう」、「どうして先週教えたのに覚えてこないの？」、「日本語として少し変ですねえ」、「日本人はそんな言い方はしません」などなど。ですが、一度自分がマイノリティ側で生活してみると、学習者に自分はなんということを言っていたのだろうと反省することしきりです。ことばや文化がわからないということがどのようなことなのか、マジョリティ側のことばや態度からどのような気持ちになるのか。逆に、ことばが通じたときの喜びや、サポートしてもらったときの感謝、自分のことばや文化に興味を持ってもらったときの嬉しさを知ることもできます。

　日本語教師の仕事は教えるだけではなく、マイノリティとマジョリティを結ぶコミュニケーション能力を育てることも含まれます。文化背景の異なる人の頭と心の中をいかに想像できるかが求められるのです。そういう意味で、日本語教師を目指す方々には、機会があれば一度ぜひ、マイノリティ側に立って生活する機会を味わってみることをおすすめします。学習者の気持ちがわかる、マイノリティに寄り添える日本語教師になれるといいですね。

第13章 〈実習②〉模擬授業の準備

この章のポイント！

いよいよ、授業実践が近づいてきました。大学によっては実際の授業を実習として担当させてもらえる場合もあれば、留学生に実習クラスへの協力を求めて特別に実習クラスを作ることもあるでしょう。あるいは、実際の学習者は入れずに、実習生同士で模擬授業として行うかもしれません。実習で出会う学習者とは「一期一会」と心して、実習生、学習者ともに貴重な時間と機会となるよう、教案・教具・授業のシミュレーションなどできる限りの準備をしてください。

この章では、実際に日本語学習者に教えることを想定して、第11章の「授業の流れ」を参考に授業を設計し、準備を進めていきたいと思います。

☑ **キーワード**
授業の準備、教案、ロールプレイ、ロールカード、学習者の情意面、ファシリテーター

1. 授業はお芝居に似ている ?!

皆さんはお芝居をしたり、観たりしたことがありますか。コラム1(p.19)「日本語教師に向いている人」では、「教師はある種、「演じる」という側面があります」と書かれていましたが、教師は同時に「演出家」でもあるのではないかと思います。「授業」と「お芝居」にはその準備段階から似ているところがあります。お芝居には台本があり、準備すべきプロップ(小道具)があり、本番まで練習が必要です。授業にも教科書があり、準備すべき教材や教具(スライドや配布プリント、絵カードなど)があり、最初はやはり練習やブレーンストーミングが必要です。どのような台本(／教科書)にするのか、キャスト(／学習者)をどのように舞台(／クラス)の中で配置し、それぞれのキャラクター(／個性)を活かすのか。どのタイミングでどのようなプロップ(／教具)を使用

125

するのかなどは演出家(／教師)が決めます。演出家でもあり、演者でもある教師は、お芝居(／授業本番)では、練習の成果と、観客(／学習者)の反応を見ながらライブ感を楽しみつつ、時にはアドリブを交えて演じ(／臨機応変に対応しつつ)、舞台(／授業)を実施します。次節では、まずどのような舞台(／授業)を作るかということから考えていきましょう。

2. 授業を設計しよう

　まずどのようなクラスかを想定して、授業を設計していきましょう。第5章や第7章で学んだ学習者のレベルや、ニーズに配慮して、CEFRや日本語教育の参照枠なども参考に、実際場面での使用を考え、授業の目標を明確にしていきましょう。その際に大切なのは、一人の人間として、どのような場面で、言語を用いて何ができるようになりたいのかを学習者のレベルや立場に立って考えることです。実際に役立つ場面や機能を考え、それに必要な表現や文法・語彙を抽出し、そのために必要なタスクや練習を考えて授業を設計していきましょう。第11章で学んだ「文型ベース」か「タスクベース」かは学習者の学習スタイルやレベル、学習者の通常クラスのやり方、実習生の考えで選択してください。

課題1

　第5章の課題6のコースデザインを踏まえ、以下のクラスを想定して、授業の目標を立ててみましょう。

- 日本語学習者の属性：大学の交換留学生（半年～1年）。来日直後に本コース開始。
- レベル：1年間母国で勉強した初中級レベル
- 人数：10名程度
- ニーズ：日本の友達と日本語で話したい。
　　　　　日常生活を日本語で支障なくできるようになりたい。
- 授業形態：週に1コマの「会話」の授業。1学期15回
- 実施授業：〇回目
- 授業の目標：＿＿＿＿＿＿＿＿＿＿＿＿＿＿＿ができるようになる。
　　　　（例：友達にうまく発表日の変更を依頼できるようになる。）

3. ロールプレイを活用しよう

　皆さんは「ロールプレイ」をしたことがありますか？　ロールプレイというのは、実際場面や状況を想定し、その役になりきって言語活動を行うことです。教室外の場面や状況を教室内に持ち込むことができ、実際の言語使用状況で求められる生きたインターアクションや意味交渉を体験することが可能となります。また、多様な学習者のレベルやニーズにも合わせることができ、使用教科書があってもなくても取り入れやすいので、ここではロールプレイを用いた実習を考えていきたいと思います。『実践日本語教育スタンダード』にはさまざまな言語素材と話題に合わせた、各レベル（単語・単文・複文・単段落・複段落）のロールプレイが紹介されているので活用してもよいでしょう。

　今回実習を想定している初中級レベルだと、述語が複数あったり、修飾部があるような「複文」の理解や産出を目指すぐらいがいいと思います。第二言語習得研究では、今持っている言語知識より少し上のレベルのインプットを与えると習得が最も進むと言われています。「少し難しいけれども、頑張ればできるかもしれない」というレベルのタスクを設定してみるとよいでしょう。

【1.1 食】

単語	昨日あなたは餃子をたくさん食べました。友達に何個食べたか聞かれました。答えてください。
単文	友達があなたの食べているお菓子を見ています。勧めてください。
複文	この前友達に作ってもらった料理の中で、おいしかったものの作り方を聞いてください。

山内博之（編著）『実践日本語教育スタンダード』（2013／ひつじ書房／p.14）より抜粋

　例えば、クラスやゼミで「複文」を産出するような場面として、「自分の発表の日にどうしても授業に出られないため、友達に発表の日を代わってもらう」というロールプレイを考えてみましょう。このロールプレイの場合には、何ができたらタスク達成といえるでしょうか。最初の言い出しや、用件を伝えるために必要な表現や語彙にはどのようなものがあるでしょうか。まず皆さんでやってみましょう。「あのさぁ、今度の発表の日なんだけど」や、「ちょっとその日、どうしても授業に出られなくて…。もしよかったら、発表の日を代

わってもらってもいい？」などの表現を使うかもしれませんね。友達からは理由を聞かれたり、断られたりすることもあり、次の反応に必要な表現や、相手への配慮表現、感謝のことばも必要でしょう。

　また、実際に学習者にロールプレイをしてもらう際には、学習者にわかることばで状況を書いたロールカードを渡します。ロールカードを読んでしまわないように、ターゲットとなる表現はできるだけ入らないように配慮する必要があります。例えば、上記のロールプレイをロールカードにするなら、以下のようになります。

■ロールカード

> 今度（こんど）あなたはクラスで発表（はっぴょう）をします。成績（せいせき）に関係（かんけい）する大切（たいせつ）な発表です。でも、あなたはその日授業（じゅぎょう）に行けません。友達に発表の日の交換（こうかん）をお願いしてください。
> 　　　　　交換（こうかん）：exchange（難しい単語は母語などで補足してもよい）

　では、皆さんが立てた授業の目標や学習者のニーズに合わせたロールプレイを考えてみましょう。実際に学習者が遭遇するような場面がよいでしょう。ロールカードは母語や媒介語に翻訳して提示してもよいでしょう。また「依頼と断り」の機能を取り入れたいような場合には、依頼する側と断る側、双方のロールカードを作成してください。

課題2

　以下のことに気をつけてロールプレイを考え、ロールカードを作成してみましょう。

☐ どんな状況設定にしますか？
☐ 何ができたら、タスク達成としますか？
☐ タスク達成に不可欠な表現や語彙には何がありますか？
☐ ロールカードの状況設定はわかりやすいですか？
☐ ロールカードに、キーとなる表現があらかじめ入ってしまっていませんか？

 **課題3**

作成したロールカードを使って、グループで実践してみましょう。実践したあと、以下のことを話し合ってみましょう。

- □予想どおりの展開になりましたか？
- □タスクを達成するためにどのような表現・語彙を用いましたか？
- □日本語学習者の場合、どのような表現が用いられると思いますか？
- □日本語学習者の場合、どのような誤用があると思いますか？
- □日本語学習者の場合、どのようなフィードバックが必要でしょうか？

4. 授業の流れを考えよう

　第11章で学んだ授業の流れの中でロールプレイを活用するとしたら、どのような流れになるでしょうか。「文型ベース」だとまず、表現を導入・練習して、ロールプレイを行い、定着の確認を行うことになります。「タスクベース」の場合には、まずロールプレイを力試しでやってみてから、表現の導入・練習を行うことになるでしょう。山内（2014）では、文型ベース型（PPP）のロールプレイのやり方を「表現先行型ロールプレイ」、タスクベース型（TBLT）で用いるロールプレイを「タスク先行型ロールプレイ」と呼び、初級学習者なら「表現先行型ロールプレイ」の方がいいかもしれませんが、基本的な会話能力が既にある程度備わっている中級以上の学習者の場合には、その時点で持っている言語能力を総動員してタスクに当たる「タスク先行型ロールプレイ」をすすめています。

　どちらを取り入れるにせよ、ロールプレイの前には、ロールプレイに意欲的に取り組めるよう、内容に対する関心が高められるようなウォーミングアップ及び動機づけを行うとよいでしょう。また、山内（2014）は、ロールプレイはまずペアで練習してから、ほかの学習者の前でロールプレイを行い、ロールプレイのあとにはクラスの中で「拍手」をすることを推奨しています。クラスメートの前で発表することに心理的に負担を感じる学習者もいるので、指名の順番にも配慮し、「間違っても大丈夫」だという安心感をもって発表できるよ

うなクラスの雰囲気を作ることが大切です。ロールプレイのあとには、フィードバックを行いますが、まずは良かった点、みんなに参考にしてほしい「いい表現」を板書するなどしてポジティブなフィードバックをしてください。その後、タスクの達成に関わるような「言語的挫折」(うまく言えなかったり、正確さが極度に落ちてしまう部分)や誤用があれば、重要だと思うものを一つ二つピックアップをして、気づきを与えたり、代わりの表現を示すなどして、より良い言い方をクラス全体で考えるとよいでしょう。このときに重要なのがタスクの達成に関わる点ということです。学習者の気持ちに配慮しながら伝えることが大切です。

　また、文型や表現の導入や定着のために、ポイントとなる機能の表現や語彙についてのプリントや練習問題をあらかじめ用意しておくのもよいでしょう。どのように黒板やホワイトボードを利用すると効果的かも考えて、板書計画をたてておくと安心です。授業のあと、学習者が「わかった！　できる！」と思えるような自信を与えられるといいですね。学習者の情意面に配慮しながら、第11章も参考に教案を作成してみましょう。

課題4

以下のことを考え、グループで話し合ってみましょう。
① 受容的なクラスの雰囲気を作るには、どのようなことを心がけるといいと思いますか。
② 学習者の不安にはどのようなものがあると思いますか。
③ 学習者の意欲を高め、自信をつけるために、教師はどのような工夫が必要だと思いますか。

課題5

第11章の教案見本(p.109,113)と付録②③(p.160,161)を参考に、教案シート(ワークシート)を用いて教案を作成してみましょう。教案を作成したら、グループで検討し合ってみましょう。

5. まとめ

本章では、ロールプレイを用いた模擬授業、実習の準備を行いました。また、準備の際には学習者の情意面にも留意する必要があることを学びました。教師は知識を教えるだけではなく、学習者の主体的な学びを支援するファシリテーター（Facilitator）の役割を果たす必要があります。ファシリテーターとは、学習者の緊張感や不安を取り除き、課題解決に向けて発言しやすいよう励ましたり、安心して自由に話し合えるような場を作ったりする進行役のことです。教室やグループ全体がうまく機能するよう支援する役割にも意識して、実践につなげていきましょう。

もっと知りたい人へ

○ 河野俊之・小笠原義明『「授業力」を磨く30のテーマ』（2006／アルク）
○ 河野俊之・橋本ゆかり『教えよう日本語：考え続ける日本語教師になるためのタスク』（2016／凡人社）

参考文献：
山内博之（編著），橋本直幸・金庭久美子・田尻由美子（著）『実践日本語教育スタンダード』（2013／ひつじ書房）
山内博之『[新版]ロールプレイで学ぶ中級から上級への日本語会話』（2014／凡人社）

コラム 13

信頼関係（ラポール）形成の重要性

　教師歴が何年になってもクラスの初日は緊張します。どんな学生がくるかな、うまく信頼関係は築けるかなと教師も不安でいっぱいです。臨床倫理学ではセラピストとクライアントの間の信頼関係のことを「ラポール」といいますが、教育の場においても教師と学習者がラポールを形成することは非常に大切です。受け持ちのクラスがうまくいくかどうかは、うまくラポールが形成できるかどうかにかかっているといっても過言ではありません。

　ラポール形成のためにクラス初日にまず必ず必要なことは、その学習者の名前を覚えるということです。もちろん外国の名前ですから、すぐに覚えられないかもしれません。そんなときは、クラスで呼んでほしいニックネームを聞いてみましょう。教師以上に不安でいっぱいの学習者は、自分の名前を覚えて呼んでもらえること、これだけでも安心感を得ます。またこれから同じクラスで一緒にやっていく仲間同士のラポール形成も必要です。趣味などを交えての一人ずつの自己紹介もいいですが、グループで自己紹介をし合い、共通点を見つけてグループ名をつけるなどお互いをよく知るための活動をしてもいいかもしれません。自己紹介や関連活動を通して教師は学習者がどのようなことに興味や関心を持っているのか、どのような性格か（積極的、恥ずかしがり屋、マイペースなど）などの情報を収集しながら、皆にとって居心地のよいクラスとなるよう、よりよいラポールを形成できるよう準備することが大切です。

第14章 〈実習③〉模擬授業の実践とふり返り

この章のポイント！

いよいよ、模擬授業の実践です。この章では、模擬授業の実践と授業後のふり返り（リフレクション）について考えたいと思います。これまで進めてきた準備に対して「できることはやった」という自信をもって教壇に立てるといいですね。また、授業のあとにはぜひ、授業実施者と観察者と一緒にふり返る時間を確保しておいてください。ここでは実施者以外の観察者が観察するポイントを考えたり、協働（仲間同士）で授業をふり返る意義や方法について学びます。

☑ キーワード
模擬授業、ふり返り（リフレクション）、協働、実施者、観察者、教師の成長

1. 実践に挑戦しよう

　これまで学んできたこと、準備してきたことを、実践に移すときがやってきました。これまでに準備した教案の練習、シミュレーションはできましたか。配布プリント・教具・板書の準備はできましたか。準備ができたら、あとは自信を持ち、リラックスしてのぞみましょう。実習は初めてなので、うまくいかないことがあるのは当然です。失敗を学びに変えていくことが大切です。貴重な実習の機会をより良い学びの場とするために、気をつけるべき点や観察の観点を決めてみるのもいいでしょう。それと同時に、ぜひ教えることの楽しさや喜びも味わってほしいと願っています。さあ、あなたの授業という舞台の幕がいよいよ上がります。心は熱く、頭は冷静に、顔は笑顔で挑みましょう。なお、あとでふり返る際の参考として、ビデオや動画で録画しておくとよいでしょう。

課題1

第13章で作成した教案やロールカードを用いて、実際に日本語の模擬授業をやってみましょう。（実習のクラスがない場合には、実習生同士で模擬授業を行いましょう。）

課題2

模擬授業で教壇に立つ人（実施者）以外は、以下の観察ポイントで模擬授業を観察しましょう。個人やグループでほかの観察ポイントを決めても構いません。

---

1. **クラスルーム運営**
   （よくできた〇　まあまあできた△　できなかった×）
   1.1 授業中すべきことを学習者は常に理解していた。（　）
   1.2 教師による指示がはっきりしていた。（　）
   1.3 教師は学習者の理解をチェックしていた。（　）
   1.4 教師が話しすぎなかった。（　）
   1.5 誤用の訂正やフィードバックが正しくなされた。（　）
   1.6 日本語による真のコミュニケーションがあった。（　）
   1.7 学習者が積極的に参加していた。（　）
   1.8 ＿＿＿＿＿＿＿＿＿＿＿＿＿＿＿＿＿＿＿＿＿＿

2. **タスク分析**
   （よくできた〇　まあまあできた△　できなかった×）
   2.1 教室外のコミュニケーションに必要な技術を練習した。（　）
   2.2 活動の目的を学習者にはっきりと把握させていた。（　）
   2.3 活動の難易度が学習者にとって適切であった。（　）
   2.4 学習者がどの程度成功したか失敗したか判断できるような、評価の部分が授業中にあった。（　）
   2.5 能力差があっても学習者全員が参加できる活動であった。（　）
   2.6 ＿＿＿＿＿＿＿＿＿＿＿＿＿＿＿＿＿＿＿（　）

3. **教室内インターアクション**
   （授業中何回起きたかを「正」の字を使って数えてみよう）
   3.1 教師が質問をした。（　）
   3.2 学習者が質問をした。（　）
   3.3 学習者同士でのやりとりがあった。（　）
   3.4 教師が学習項目の文法や語彙の意味を説明した。（　）
   3.5 教師が肯定的な言葉がけをした。（　）
   3.6 沈黙及び困惑の時間があった。（　）
   3.7 ＿＿＿＿＿＿＿＿＿＿＿＿＿＿＿＿＿＿＿（　）

2. ふり返りの意義

　ベテランの教師であっても授業はいつもうまくいくとは限りません。ましてや、模擬授業や実習で初めて教えるという経験をするのですから、うまくいかなくて当然です。その必ずしもうまくいったとは言えない（かもしれない）実践をふり返るというのは、正直少しつらい作業を伴うかもしれません。日本語教育における「ふり返り（reflection）」という考え方は、1980年代の自律学習、学習者主体という考え方から発展してきました。「ふり返り」とは、実践を観察し、それに基づいて考えるという意味で、「省察」や「内省」という用語が使われることもあります。それまでの、教師は理想的な教え方をマスターして教え、学習者は教師の教え方を受け入れるという考え方ではなく、学習者の自律性や主体性を育むために、授業の中での多様な学習者同士のやりとりや、教師とのやりとりのふり返りが重視されるようになりました。授業の実践をふり返ることにはどのような意味があるのでしょうか。協働（仲間同士）でふり返る際には、どのようなことに注意したらいいのでしょうか。

> **課題3**
>
> 　実践をふり返る意義、協働でふり返る際に、気をつけるべきことは何か、考えてみましょう。

　アメリカの哲学者・教育改革者デューイは、実践の内省を積み重ねることによって目的を実現できる能力が作られるとして、さまざまな失敗や成功の経験について、ふり返り、行動することが大切だと述べています。「失敗は成功のもと」という考えとも通じていますね。また、「成功の第一条件は未成熟である」とも述べています。つまり「未完成教師」として学び続けていく姿勢こそが教師の成長を支え、多様で複雑な教育現場での実践力をつけていくという考えです。実践を通して、ふり返りながら学び、教師としての力量をつけていくことが重要だということです。

日本語教育においても岡崎・岡崎(1997)が、多様化した学習者を対象とする教師は「自己研修型教師」である必要があると述べています。つまり、考えて、実行し、結果や過程を観察し、改善するというプロセスを通して自己研修を行うことにより、専門性の向上、教師の成長が可能になるという考え方です。未来の日本語教師として、またヒトとして成長するためにも、実践を「やりっぱなし」にするのはやはり勿体ないといえそうですね。

3. 協働としてのふり返り

　「ふり返り」は「ダメ出し」ですか？　と実習生に聞かれることがあります。ダメ出しは「ダメ」だったところを指摘することだと思いますが、授業のふり返りでは「ダメ」なところだけではなく、良かったところも含め、実施者や観察者が重要だと思った出来事や、気になった点について、出し合い、そこで何が起こっていたのか、なぜそうなったのかを話し合います。もちろん、仲間同士、信頼して話せることが何より重要です。池田・朱(2017)は、協働型の日本語教育実習を対象にふり返りを分析し、以下の6点を報告しています。

① 複眼的視点の獲得
② 他者の多様な考え方を吟味したり解釈したりできること
③ 一人ではできないアイデアの創出
④ 他者による気づき
⑤ ともに学ぶこと(協働)で内省を高めること
⑥ 協働により暗黙知を明示化する中での気づき

　協働でふり返りを行うことで、一人では得られないメリットがたくさんありそうです。実施者は必死でわからなかったことが、観察者には見えていることもあるでしょうし、なんとなく思っていたことを言語化して伝えることで見えてくることもあるでしょう。一人では思いつかなかったことを、人に話しているうちに思いつくということもよくあります。お互いを認め合いながら、多様な角度から教えることの楽しさ、難しさを共感しながら、協働でふり返り、学

びを深めていきましょう。

4. ふり返ってみよう

　ふり返りは、授業の記憶が褪せないうちに行うのがいいでしょう。授業のあとにあらかじめふり返りの時間を確保しておき、実施者と観察者と一緒に協働でふり返り作業をすすめましょう。もし授業のあとの時間を確保するのが難しい場合には、ビデオに録画しておき、各自ビデオを観てふり返りシートを記入してきて、ふり返りの時間を持つとよいでしょう。

課題4

模擬授業を、協働でふり返り、話し合ってみましょう。

- 授業実施者は教案を見ながらふり返りシート(ワークシート②)を記入してみましょう。
- 観察者は、観察シートを参照しながら、ふり返りシートを記入してみましょう。
- 実施者と観察者は、お互いに実践の中で重要に思ったこと、疑問点、確認したい点について質問し合いましょう。

■模擬授業／ふり返りシート

　　　　月　　　日　　　内容：＿＿＿＿＿＿＿＿＿＿＿

活動（時間）	教師の行動	学習者の様子	気づき

5. まとめ

　本章では、模擬授業の実習と実習の観察、ふり返りを行いました。実習では、日本語を教える難しさと楽しさの両方を味わえたのではないでしょうか。またふり返り、実習仲間と話すことで、さまざまな気づきを得たのではないでしょうか。

　教えることは学ぶことでもあります。あなた自身がこの実習の機会を通して成長を感じ、得た学びをぜひ次につなげてほしいと思います。

もっと知りたい人へ

○ 池田広子・朱佳栄『実践の振り返りによる日本語教師教育―成人学修論の視点から―』（2017／鳳書房）

○ 岡崎敏雄・岡崎眸『日本語教育の実習―理論と実践』（1997／アルク）

コラム 14

日本語教育的マインドの活用

　皆さんの中には、まだ日本語教育の道に行くことを迷っている、もしくは、日本語教育を専攻しているけれどもほかの就職を考えているという人も多いかもしれません。必ずしも日本語教師になるとは限らないかもしれませんが、日本語教育で学んだ「日本語教育的マインド」は必ず、これからの多文化共生社会で活かせると思います。皆さんの将来の仕事仲間や、ご近所に日本語非母語話者の方がいることは少なくないでしょう。また親となったときに自分の子どもの友達や家族に外国につながる方は必ずいると思います。そのときに、皆さんは、日本語指導・支援が必要な人たちに寄り添い、周りと連携しながら、そのような人たちの学習や生活をさまざまな側面から支援できる環境や体制を作ることに配慮し、そのために行動できる役目を担えるのではないでしょうか。

　実は先日、近所で、非母語話者の家庭が日本人の家庭の早朝サッカー練習の音に数カ月悩まされているという出来事をひょんなことから知ることがありました。そこで、ご近所づきあいにひびを入れることなく、どのように解決できるかを一緒に考えたことがありました。このような小さなことでも日本語教育的マインドは活用できそうですね。皆さんが日本語教育の視点を持った人材としてさまざまな分野で活躍し、多文化共生社会の担い手となることを願っています。

第15章 これからの日本語教育

この章のポイント！

日本語教育は教育の一分野です。そこで本章では、教育とは何かという話から始め、日本語教育の前提である教育観の変化について述べます。教師は日本語教育の現場でどのような存在であるべきか、マニュアルや先例が参考にならない問題にぶつかったとき教師はどう対応すればよいか考えることを通して、これからの日本語教育の役割について考えたいと思います。

☑ **キーワード**
日本語教育、教育観、教師の役割

1. 日本語教育の「教育」とは何か

「日本語教育」ということば。本書のタイトルにも入っていることばです。はじめに、「日本語教育」ということばについて考えてみたいと思います。まず、考えてみてください。皆さんが持つ、「教育」のイメージはどんなものでしょうか。「教育」はどこで行われていますか。対象は誰ですか。

少し抽象的になったので、具体的な話にしてみましょう。皆さんの生活の中で「教える」という活動が起こる場面を少し考えてみてください。例えば、友人に新しいアプリの使い方を教えてもらうとき、英会話学校で英語を習うとき、行われているのは「教育」でしょうか。それでは、自動車学校、テニススクール、パソコンスクールで行われているのは、「教育」でしょうか。人によって、意見が分かれるかもしれません。

もう一つの質問です。「教育」といえば、まず、皆さんも受けてきた小学校から高等学校までの学校教育がまず思い出されるかもしれません。「日本語教育」は中学校や高等学校などの「教育」とはどんな違いがありますか。その違いが生まれるのはなぜでしょうか。

140

そもそも「教育」は、「教える」と「育てる」という二つの動作が表記に含まれています。日本語教育において「教える」のは教師ですね。それでは、「育てる」のは誰でしょうか。

まず、思いつく答えとして、「育てる」のは教師かもしれません。でも、日本語教育では成人に教えることも多くあります。成人を「育てる」というのはおかしいのではないかという違和感を持つ人がいるかもしれません。それが、日本語教育が中学校や高等学校での「教育」と違うところです。小学校から高等学校までの学校教育は、人として身体面、精神面の発達が進む時期に、将来より良い社会生活を営めるように、教科の知識を獲得させるとともに、社会性、倫理性などを身につけさせることを目指して行われます。一方、成人は身体面、精神面の発達が終わった段階です。

それでは、成人に対しても行われることも多い日本語教育は何をゴールとするのでしょうか。それには、二つあると考えます。まずは、学習した内容を応用し、日本語を使うことができるようになること、もう一つは、学習者が新しい自分として育つことができるようになることです。こういう意味では、「育てる」というのは、学習者が自分で自分自身を「育てる」という解釈もできるでしょう。

学習者が日本語教育を通して得られることの一つとして、まずは日本語能力を手にすることで、教室の外で、それまでになかった情報、人、場所など、新たな世界につながることが考えられます。それと同時に、教室の中で、教師や他の学習者と接する中で、新しい考え方、ものの見方、学び方を知り、自分のものの見方をふりかえり、より良いものを選んで行ってもらうこともまた、得られることのもう一つであると考えられます。この二つ目のゴールが存在するので、テニススクールや自動車学校などで行われる技能の教授とは異なり、「日本語教育」と呼ばれるのです。

2. 「教える人」から「育つことの支援者」へ

皆さんは「教育」をどのようにとらえているでしょうか。そこでまずは、次の課題で皆さんの教育観を確認してみましょう。

課題1

教師になったつもりで考えてください。あなたは、次の学生にどのように対応しますか。その理由も考えてみましょう。

(1) 活動中に教室で辞書を引く学生がいます。スマートフォンを使って、ことばを調べているようです。
　(A) どんな語を調べているか聞き、あなたが答える。
　(B) 自由に調べさせる。
　(C) スマートフォンの使用を禁止する。

(2) 教室で、クラスメートにわからないことを小声で質問する学生がいます。クラスメートとの間には、助ける・助けられるという関係ができているようです。
　(A) どんなことがわからないか聞き、あなたが答える。
　(B) 自由に教えさせる。
　(C) 学習者同士の教え合いを禁止する。

それぞれの対応のメリット、デメリットをグループで話し合ってください。グループで対応のしかたを一つに決めて、より良い対応になるために、もっと工夫できることも話し合ってみましょう。

　(A)から(C)の対応の違いを決めているのが、教育観です。(A)と(C)は、教師が教え、学習者はそれを学ぶ存在であるととらえる教育観です。特に(C)は、教師が教室を支配する強い立場であるようです。(B)は、学習者の自律性を重視する教育観です。冒頭で「教育」について考えたとき、「育てる」のは、教師であるとも言えるし、学習者が自分で自分自身を「育てる」という解釈も可能であるという話をしました。学習者を「育てる」主体を教師とするのか学習者とするのかが、これらの教育観では異なっているといえるでしょう。

　長い間日本語教育では、知識の完成品を分解して教師が与え、学習者はそれを一つのパーツずつ順に組み立てていくようなイメージの教育観が主流になっていました。知識は体系的にとらえられ、それを小さく分けたものを簡単なものから難しいものに並べて教科書の中では配置されます。学習者はそれを一つ

ずつ、ステップを進めながら身につけていく、受動的な存在だと考えられていました。多くの知識を学習者が正確に身につけるために「教師はどんな風に教えるのが良いか」ということに教師の関心がありました。20世紀前半までの時期は、教師が多くの問いを用意し、学習者はそれに対して、

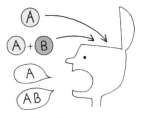

受動的な学習者像

いかに正しく、いかに速く、いかに多く答えるか試されるのが教育の主流でした。教室で教師と学習者が対峙し、よりよく「覚える」ことを目指した教育がされていたということができます。

しかし、20世紀半ばになると、そこには学びの中心であるはずの学習者の視点が欠けているということが気づかれ始めました。そして、学習者が知識をどのように学ぶのかということに関心が生まれました。学習者が学び、新しい知識を取り込み、「わかる」ときには、新しい知識が、既に手持ちである知識のどれと似ていて、どう違い、どう区別して使われるのかが、頭の中で関係づけられます。新しい知識を得るたびに、学習者は能動的に、知識の体系を再構築していると考えられています。

これによって、学習者を「育てる」第一人者は、教師ではなく、学習者自身だととらえられるようになりました。学習の主体を学習者ととらえるようになった教育観の変化によって、学習を支える教師の役割は、体系立った知識を切り分けて「教える」者から、学習者の学びを観察し、学習者が育ち続けることを助ける「学びの支援」者へと移りました。20世紀後半からの教育は、玉入れ方式にどんどん「覚える」教育ではなく、使えることを見据えて「わかる」こと、「できる」ことを目指すものと考える動きが生じました。

学びの支援者として、学習者の日本語習得がうまくいくように専門家として並走するのが日本語教師です。「うまくいく」ようにするためには、学習者が行っている日本語学習のしかたが理にかなったものであるかどうか、チェックできる力が教師には必要です。

能動的な学習者像

その一方で、言語活動は個人の頭の中だけで起こるのではありません。学習者は社会に存在し、社会に働きかける主体です。学習者は日本語学習という学びの達成を目指す存在であるともに、社会生活の中で遂行すべき物事が持ち上がるたびに主体的に課題を解決していく(いかざるをえない)存在です。よって、日本語教育は社会生活で起こるさまざまな言語活動(例：メニューに自分が食べられない食材が入っていないかどうか尋ねる)を通してさまざまな課題解決が「できる」ことを目指すものと考えられるようになっています。

3. 教師の役割と教室の雰囲気

　教師の役割は、「学びの支援」者であるといいました。それでは、教師は、それぞれの学習者の学習が着実に進むように手助けしていれば、それだけで良いのでしょうか。これからの多文化共生社会においては、教師にはもう一つ大きな役割があります。その役割を考えるためにある地域の日本語教室の事例を挙げたいと思います。

課題2

　ある地域の日本語教室では、運営体制を変えた途端に学習者数が激減しました。なぜそうなったのでしょうか。次の事例を読んで、あなたの意見を考えてください。次に、周りの人やグループで話し合ってみましょう。

　その日本語教室では、マンツーマンで授業を行っていました。日本語教室の学習者の多くは、地元の製造業で働く労働者です。仕事が終わった週末の夜、疲れた体で日本語教室にやってきていました。日本語教室はある年、マンツーマンのペアを固定せず、教室に来た人から順に指定した教師とペアを組ませることにしました。すると、毎週続けてやって来る人の数が少し減りました。別の年には、運営方針が大きく変わり、レベル分けした学習者のグループに、一人の教師が教えるという形態で授業をすることにしました。そうすると、学習者の数は大きく減ってしまいました。どうして、学習者の数は減ってしまったのでしょう。

日本語教育の現場には、そこが地域の日本語教室なのか、公的教育機関なのかに関係なく、「学びの支援」を受けるために学習者がやってきます。しかし、彼らは、学びの場を得るためにだけ、そこに来るのではありません。彼らにとって、そこは居場所であり、友達と出会う場所であり、安心して過ごせる場です。教師は、その場が学習者にとって「心地よく過ごせる場所」であるように配慮する必要があります。それが教師のもう一つの大きな役割です。

学習者の一人ひとりは、日本語の教室を出ると、それぞれの生活に戻ります。学習者には日々の生活があるとともに、それまでの人生を背負って来ているということを忘れてはいけません。また、教室に現れた学習者は常に一定の状態ではなく、その時々で、気持ちの浮き沈みがあるという状況を意識しなければなりません。教師は、それぞれの学習者の「今ここ」について読み取り、短期的な教育、学習の適切さを保ちつつも同時に、学習者のこれまでとこれからを想像し、長期的な適切さも見る必要があります。

4. これからの教師に求められるもの

まずは、次の課題について考えてみましょう。

課題3

次の意見に賛成ですか、反対ですか。その理由は何ですか？　周りの人やグループで話し合ってみましょう。次に、自分とは異なる立場の人を見つけて、意見を交換してみましょう。

●教師Ａ：教室の電気が消えかかっているが、「電球の交換は教師の仕事ではない」と言ってほったらかしにしている。

●教師Ｂ：ある学習者に「私は小学校の頃、親の仕事で中国に滞在していました。友達と話す中で自然に中国語を身につけました。日本語も耳だけでできるようになるので、宿題を免除してください」と言われたので、この学習者の宿題を免除した。

●教師Ｃ：学習者同士で作文の評価をし合ってもらおうとしたら、ある学
　　　習者に「教師でなければ正しい評価はできないし、間違ったことを教
　　　わることになるからやりたくない」と言われた。その学習者に「では、
　　　やらなくていいです」と言った。

●教師Ｄ：ロールプレイを自由にやってもらおうとしたら、ある学習者に
　　　「正しい会話を覚えて間違いのない発表をしたいから、手本をくださ
　　　い」と言われたので、手本を渡した。

●教師Ｅ：ペア練習の際、ある学習者に「この国の人とは話をしたくない
　　　から、ペアをかえてください」と言われたので、別の人と組ませた。

　事例によっては、周りの人と自分の判断が異なることもあるでしょう。実際
の教育現場では、このような判断の異同がその現場での指導方針につながるた
め、教師間で話し合って解決していかなければならない場合もあります。

　その場合、賛成か反対かだけではなく、なぜそう考えるのか、判断の理由を
求められる場面もあるかもしれません。「だって、自分が外国語を習ったとき
には、そんなふうに指導されたし…。」、「普通そうじゃないの？」という理由
では、残念ながら不十分です。なぜその判断が良いと思うのか、なぜその判断
が学習者にとってプラスになるのかを、説明できることが大切です。

　このような運営方針を決定する場面だけではなく、日々の授業においても、
うまくいかなかった場合、その理由をつきつめて考えることが必要です。「普
通はできるはずなのに、あの学習者がおかしい」、「やる気がない」、「不真面目
だ」、と学習者側の問題と判断してしまう前に、教師は学習者の立場に立って、
よく考えてみる必要があります。原因をどのように考え、次の授業に活かせば
いいのかということについて、自分からの問題の見え方を一旦離れ、学習者か
らの問題の見え方を意識する習慣をつけることが大事です。

　本章で、先に教育観の変化に触れたように、日本語教師は学習者にとっての
道先案内人です。日本語教師は日本語習得のための道を選定し、学習者がそ
の道を進むのを見守り、学習者が迷い、立ち止まれば、進む道を共に考える

ことが必要です。そのためには、授業の場にいる一人ひとりの学習者を観察し、その時々の学習者の状況を想像し、その日のふさわしい道を提案できなければなりません。

　日本語教育の現場は学習の場であることに加えて、人と人がつながる場です。学習者がよりよく「育つ」、よりよく生きられることを目指して、教室の中で教師や他の学習者と関わりながら新しい考え方、ものの見方、学び方を知り、それらを吟味する機会を十分に得られるように、教室の環境づくりをすることもまた、日本語教師の大きな役割です。時には、意見が対立する学習者を論理的に説得する必要があるかもしれません。あるいは教師自身が、それまでのものの見方を捉え直す必要に迫られることがあるかもしれません。そのときには、皆さんの身につけた知識や経験を通して、できる限りさまざまな面から原因や対応を考えてみることが必要です。

　日本語教師が学ぶべき知識、持っておくべき経験は非常に広い領域に渡っています。その知識や経験をコツコツと身につけ、教師自身の関心やニーズに合わせて、ブラッシュアップしていくことには、大変な努力が必要だと思います。しかし、教師同士で指導方針を議論することになったとき、あるいはクラスでぶつかった問題に向き合うときに、それらの知識、経験の一つ一つが、問題解決に不可欠な手がかりとなってくれるでしょう。

5. まとめ

　本章ではこれからの日本語教育と、それを支える日本語教師像について考えてみました。その中で、日本語教育は、「日本語を使えるようになる」という技能の習得を目指すためのものであるだけではなく、人間の成長に関わる役割を担っていることを述べました。

　日本語教育は常に時代とともにあり、社会の変化によって大きな影響を受ける分野です。その変化は予想をはるかに超えていることもあり、マニュアルや先例がないことに対処する必要があるかもしれません。その変化に驚くことがあるかもしれませんが、それを新しいチャレンジをするチャンスと思って、自分の知識と経験の引き出しから状況を分析し、より良い日本語教育を提供で

きるようになるといいですね。学習者が日本語との出会いを通して、より良い未来を手にすることができるように、日本語教師として、あなたにできることがたくさんあります。学習者が、世界が、あなたを待っています。さあ、日本語教育の扉を開けましょう。

もっと知りたい人へ

- 今井むつみ・野島久雄・岡田浩之『新・人が学ぶということ―認知学習論からの視点』(2012 ／北樹出版)
- 佐藤慎司・神吉宇一・奥野由紀子・三輪聖『ことばの教育と平和―争い・隔たり・不公正を乗り越えるための理論と実践』(2023 ／明石書店)
- 瀬尾匡輝・瀬尾悠希子『ケースで考える！誰も教えてくれない日本語教育の現場』(2023 ／ココ出版)
- 縫部義憲『日本語教育学入門改訂版』(2001 ／瀝々社)

コラム 15

日本語教師のスキルの
さらなる活用の可能性

　プライベートで仲良くなった日本人に、「日本語教師をしている」と打ち明けると時々、「それじゃ、私にも日本語を教えて。」とか、「うちの子にも日本語を教えて。」といわれます。半分は冗談だと思って聞いていますが、でも残りの半分では、外国人にではなく、「日本人のための日本語教育」も、これからの日本語教育のもう一つの役割となっていくかもしれないと思っています。

　私たち日本語教師は、学習者に「わかりやすい日本語で説明する技能」を持っています。その人の用いる日本語の表現がわかりやすいことは、日本語母語話者の日本語能力においても必要な要素です。皆さんもこれまでの経験で、メールの説明がわかりにくくて、何度も問い合わせが必要になったり、ショートメッセージの解釈を誤ってけんかになったりしたことがあるかもしれません。

　情報を伝達する場面で、誤解がなく伝わるように相手を配慮した表現ができるようになること。そんな日本語力は、すべての日本人が持っておくべきスキルといえるでしょう。その能力は仕事にも、日常生活にもきっと役に立ちます。学校教育の場では次第にその動きが大きくなっていますが、これからは生涯教育の場でも、そのようなスキルとしての日本語力を学ぶ教室が普及したらと思っています。

　日本語を介したコミュニケーションがよりスムーズに誤解なく進んでいく日本語環境を作る。日本語教師の技能が役立つ活躍の場は、日本語教育のフィールドを超えて、社会のいろいろな場所に広がっているのです。

用　語　集

▶ 関 は、その用語に関連する用語です。合わせて確認しましょう。
▶ [第○章]は、その用語が出てくる主な章です。

Ⅰグループ　[第8章]

学校文法(国語教育で学ぶ文法)での五段活用。Ⅰグループの動詞は例えば、「飲む」、「行く」、「買う」などである。

関 動詞のグループ

Ⅱグループ　[第8章]

学校文法(国語教育で学ぶ文法)での上一段活用、下一段活用。Ⅱグループの動詞は例えば、「起きる」、「溶ける」、「食べる」などである。　関 動詞のグループ

Ⅲグループ　[第8章]

学校文法(国語教育で学ぶ文法)でのサ行変格活用、カ行変格活用。Ⅲグループの動詞は例えば、「する」、「〜する(例:勉強する)」、「来る」である。

関 動詞のグループ

CEFR　[第7章]

Common European Framework of Reference for Languages (ヨーロッパ言語共通参照枠)の略。外国語の習熟度や運用能力を測る国際的な指標。「A1〜C2」の6段階のレベルが設けられそれぞれの段階でどのようなことができるのかを規定している。

関 日本語教育の参照枠

CLIL　[第6章]

Content and Language Integrated Learning (内容言語統合型学習)の略。特定の内容(教科やテーマ)を、目標言語を通して協働で学ぶなかで、内容と言語の両方を身につけつつ、より高次の認知力、思考力へと働きかけていく教育法。

IRF　[第9章]

I は Initiation(先制)、R は Response(応答)、F は Feedback(フィードバック)のことを指す。教室談話の典型的な型である。　関 教室談話, フィードバック

JFL　[第2章]

Japanese as a Foreign Language(外国語としての日本語)の略。アメリカなど海外で日本語を学ぶ場合を指す。JFL 環境では日本語に触れる機会は日本語の授業に限られることが多い。　関 JSL

JF 日本語教育スタンダード　[第5章]
(Can-do リスト)

国際交流基金がヨーロッパ言語共通参照枠(CEFR)にもとづいて作成したコースデザイン、授業設計、評価を考えるための枠組み。課題遂行能力(言語を使って課題を達成する能力)を育成することが目指されている。

JSL　[第2章]

Japanese as a Second Language(第二言語としての日本語)の略。日本で日本語を学ぶ場合を指す。日本語が学校や職場などで日常的に使用されており、生活上必須となることも多い。　関 JFL

TBLT　[第6章][第11章]

Task-Based Language Teaching の略。
➡ p.154 「タスクベースのアプローチ」を参照

あ

アップテイク　[第10章]

訂正フィードバックを受けた後に学習者が示す何らかの反応のこと。正しい形式を言い直したり、「分かりました」

という応答をしたりすることのほか、頷くなどの行動もこれに含まれる。

い

易から難へ [第7章]
学習項目が「易しい」ものから「難しい」ものへと段階的に並べられていること。コース全体を通しても、1回ずつの授業内の構成においても見受けられることが多い。　　　　　㋕コースデザイン

意味交渉 [第10章]
相手の言っていることが理解できない時や不明瞭な時に、聞き返したり、確認したりして、理解できるものにするやりとりのこと。自分の発言が正しく相手に伝わっているかどうかを確認するやりとりを指すこともある。

インターアクション [第10章][第12章]
本書では特に教師と学習者、学習者同士という二者間において目標言語で行われる情報のやりとりのことを指す。インタラクション、相互作用と呼ぶこともある。

え

英語教育 [第1章]
日本の小中高等学校、大学において、日本語母語話者を対象とした英語の教科教育。かつては文法教育が中心であったが、現在はコミュニケーション教育中心になっている。

お

オーディオ・リンガル法 [第6章]
言語の構造を学ぶことを重視した教授法。反復や置き換えなどの機械的練習を中心に行うことで、反応の習慣化を目指す。

オノマトペ [第8章]
擬音語・擬態語とも言う。語の意味が音声と何らかの関係を持つ語。例えば

「ごろごろ」は大きいもの、「ころころ」は小さいものが連続して転がる様子を表わすというように、音のイメージが語の意味に関係している。

か

外国人労働者 [第2章]
就労目的で入国し、外国籍のまま働く労働者を指す。日本では、南米のブラジルやペルーから来た日系人や、技能実習生がその例である。一定期間の就労後に帰国というケースの他、近年は定住化する傾向も見られる。
㋕技能実習生, 高度人材

学習者の情意面 [第13章]
学習者の不安や動機、自信、意欲などの気持ちや心理に関わる側面。習得に関わる大きな要因とされる。

学習動機 [第2章]
どうしてその言語を学んでいるのか、どの程度その言語を習得したいのかという学習者の気持ちを指す。

活用・活用型 [第8章]
活用とは、動詞、イ形容詞、ナ形容詞の語形を変化させるときに用いる規則である。活用型は、その活用の仕方の分類のこと。動詞の活用型は動詞のグループとも呼ぶ。　　㋕動詞のグループ

観察者 [第14章]
授業や実習を観察する、あるいは、観察した者。　　　　　　　　㋕実施者

間接法 [第6章]
学習者の母語や共通に理解する言語を積極的に用いながら言語を教える方法。例えば、直接法の逆で、日本人が日本語で説明を受けながら英語を学ぶというようなこと。　　　　　㋕直接法

151

き

技能実習生 [第2章]

日本の技術を教えるという名目で外国人を受け入れる技能実習制度で来日した人を指す。本来の目的とは異なる労働をさせられるケースもある。

関 外国人労働者, 高度人材

教案 [第11章] [第13章]

授業の計画を書き出したり、打ち出したりしたもの。一般的には、授業の目標や対象者の情報、時間配分、教師や学習者の発話と行動、板書計画などを書く。指導案と呼ぶこともある。

教育観 [第15章]

教育の方法やその効果について、ある人が持っている信念。

教育の目的 [第1章]

外国語教育に限らず、あらゆる教育は目的を設定し、それを達成するために教育内容がデザインされる。逆に言えば教育の目的が明確でない教育は、真の意味で教育とは言いがたい。

教具 [第7章]

黒板や教室に貼ってある地図、近年普及してきたタブレットなど、授業を効果的に進めるために使用される「小道具」のこと。

関 教材

教材 [第7章]

教育内容を効果的に獲得させるために学習で用いられるもののうち、特に教科書や参考書などの紙媒体のもの。近年ではスマートフォンやタブレットなどによるコンテンツを「デジタル教材」とも呼ぶ。

関 教具, 主教材, 副教材

教材分析 [第7章]

ある教材について、その教材のねらい、対象レベル、想定学習時間、学習項目、提出順序等を調べ、その教材がどのような教材なのかを観察、分析すること。

教室談話 [第9章]

本書では特に言語学習の教室の参加者間で行われる一連のやりとりのことを指す。教師とクラス全体、教師と学習者、学習者同士などのやりとりが含まれる。

関 IRF, フィードバック

教師の立場 [第1章]

教師は教育内容をよく知り、熟達している必要がある。その一方で「名選手が名監督とは限らない」と言われるように、教育内容に熟達しているだけで教育がうまくいくわけではない。

教師の役割 [第15章]

教育現場において、教師が学習者の学習を成立させるために行うべき仕事、心構えなどを指す。

教授言語 [第1章]

外国語教育において、教室で使用される言語を指す。日本国内の日本語教育では、学習者の母語がバラバラであるため教授言語は日本語であることが多い。

関 媒介語, 目標言語

協働 [第14章]

ある目的を達成するために、複数の人や機関が協力し、助け合いながら共に働くこと。ペアやグループなどで協力して活動、学習する意味でも使われる。

け

継承語 [第2章]

継承語とは、Heritage Language の訳で親や先祖の母語を指す。例えば、ブラジルに住む日系人の場合、日本語は継承語となり、現地の生活で使うポルトガル語は現地語と呼ばれる。

言語学習観 [第6章]

ことばはどのように学ばれていくものなのかについての考え方。それにもとづき各教授法では「ことばの学習とはどうあるべきか」が考えられており、狭義にはそのそれぞれの理念を指す。

言語的挫折 [第13章]

現在の言語レベルよりも上のレベルのタスクに挑戦した場合に見られる、正確さが下がったり、流暢性が落ちたりする現象。

こ

高度人材（高度外国人材） [第2章]

専門的な技術や知識を持つ外国人を指す。科学の分野などで活躍する技術者や研究者、医療者や経営者など、高い技能を持ち専門性の高い職種に就いている。 関技能実習生

コースデザイン [第5章]

ある一定期間の授業計画のこと。1回の授業の進め方ではなく、3か月間、半年間、1年間などの期間の中で、何を、いつ、どのように行うかを設計する。 関易から難へ

コースの目標 [第5章]

コースを設計する際に設定する最終的な到達目標のこと。

国語教育 [第1章]

日本の小中高等学校において、日本語母語話者を対象とした日本語の教科教育。文学教育が中心であることが多いが、現在はコミュニケーション教育も行われている。

コミュニカティブ・アプローチ [第6章]

言語の形式や構造ではなく、意味のあるコミュニケーションを重視した教授法。ペアワークやロールプレイ、プロジェクトワークなど場面や機能にもとづく教室活動を中心に行う。

誤用 [第8章]

ある言語の規則に合わない使われ方。誤り。

し

支援者 [第15章]

当事者の活動を支える役割を持った人。教育現場においては、当事者は学習者、その行う活動は学習である。支援者とは、学習者一人一人のの学習のプロセスに適切に働きかけることで、スムーズにより良い状態になるように手助けをする人である。

実施者 [第14章]

授業や実習を行う、あるいは、行った者。 関観察者

自動詞 [第8章]

意味的には、自然現象や一人で行う動作、または、他からの働きかけを受けた後の結果の状態に注目する動詞。例えば、自動詞文「パンが焼ける」では言外に「誰かがパンを焼く」という働きかけを暗示する。構文的には、ある人やものを表わす名詞と助詞「が」とが共に用いられる。自動詞の例としては「（私が）笑う」、「（リンゴが）落ちる」、「（窓が）割れる」、「（学生が）いる」などがある。 関他動詞

主教材 [第7章]

あるコースを進める際に、授業のなかで中心的に用いられる教材、総合教科書。 関教材, 総合教科書, 副教材

上級 [第7章]

高度な言語表現と言語行動が可能となる段階。仕事や専門に必要とされる言語能力をはじめ、社会生活上必要なコミュニケーションがほぼ問題なく達成されることが目指される。日本語教育

153

では900時間程度の学習時間が一般に想定されている。　関**初級, 中級**

初級
[第7章]

言語を習い始め、基礎的な語彙や表現を身につけるまでの段階。日常的なやりとりがある程度できることを目指す。日本語教育では、一般に300時間程度の学習時間が目安として想定されている。　関**中級, 上級**

シラバス
[第5章]

コースの目標にもとづいて教える内容を並べたリストのこと。教授内容の中心とするものによって、構造シラバス、場面シラバス、機能シラバス、can-doシラバスなどいくつかの種類がある。

信頼性
[第4章]

仮に同じ条件の下で同じ検査を受ければ、同じような結果が繰り返し出るかということを指す。例えば時刻を知るために時計を見たとき、時計が壊れていて早くなったり遅くなったり止まったりするようでは信頼性がないということになる。　関**妥当性**

す

スキャフォールディング
[第12章]

「足場かけ」とも言う。建物を建てるときに足場を組み立て、完成すると足場を崩すように、独力で出来るように学ぶことを支える手立てを指す。主体的な学びを育む観点が重要である。

そ

総合教科書
[第7章]

特定の技能やテーマを扱うのではなく、「聞く・話す・読む・書く」の4技能がカバーされた教科書。授業の主教材として使用されることが多い。　関**主教材**

た

タスク
[第6章] [第11章]

「お互いの予定を合わせて映画を見に行く日を決めよう」というような、達成するべき課題を示した学習活動のこと。学習者は、学んでいる言語を駆使して、その課題の達成（ゴール）を目指し、運用力を高めていく。

タスクベースのアプローチ (TBLT)
[第6章] [第11章]

日常的に起こり得るタスク（課題）を達成するためにコミュニケーションを行い、その中で言語形式に意識を向けるアプローチ。一般的には事前タスク、タスク実施、フィードバックという流れである。TBLT(Task-Based Language Teaching)とも呼ばれる。
　関**文型ベースのアプローチ**

他動詞
[第8章]

意味的には、ある登場人物やものの他者への働きかけを表す動詞。構文的には、その出来事において他者に働きかけた人やものを表す名詞と助詞「が」、働きかけられたものや人を表す名詞と助詞「を」あるいは「に」とが共に用いられる。他動詞の例としては「（私が缶を）つぶす」、「（子どもがリンゴを）落とす」、「（選手がサッカーボールを）蹴る」、「（ライオンが肉に）かみつく」などがある。　関**自動詞**

妥当性
[第4章]

その検査が測定しようとしているものを、どれぐらい的確に測定できているのかということを指す。例えば時刻を知るためには、太陽の高さを見るよりも、時計を見る方が妥当性が高いということになる。　関**信頼性**

多文化共生社会
[第9章] [第15章]

出身やルーツ、文化的・社会的背景や価値観などの異なる人々が、違いを認

め合い、対等な関係を築こうとしながら、ともに生きていく社会のこと。

ち

中級 [第7章]

初級レベルを終え、やや高度な内容のやりとりが可能となる段階。より一般的な話題や人間関係に応じたコミュニケーションなどが扱われるようになる。日本語教育では、600時間程度の学習時間が目安として想定されている。

圓初級, 上級

聴解 [第4章]

音声による会話や文章を聞き取り、その意味を理解することを指す。外国語教育でより重視される。大規模な試験では会話能力を測ることが困難であるため、聴解試験がその代わりに実施されることが多い。**圓読解**

直接法 [第6章]

学習者の母語や共通に理解する言語を使わず、目標言語(学習言語)そのものを使用いながら言語を教える方法。例えば、日本語のクラスで日本語だけを使って教えたり、英語を日本語などでの説明なく、英語だけで学んだりすること。**圓間接法**

て

ティーチャートーク [第9章]

主に教師が目標言語(学習言語)を学習者が理解できるように学習者のレベルや理解度に合わせて話し方を調整すること。学習者が理解可能なことばを多く使用することは言語習得を促進するために効果的であるとされている。

訂正フィードバック [第9章][第10章]

フィードバックの一種。学習者が産出した発音・語彙・文法などの誤用に対して、教師が何らかの対応を行うこと。

と

動詞のグループ [第8章]

日本語教育で用いられる動詞の分類。日本語教育ではこちらの用語のほうが一般的に用いらえる。Iグループ、IIグループ、IIIグループに分かれる。

圓Iグループ、IIグループ、IIIグループ

登録日本語教員 [第3章]

2024年に始まった日本語教師の国家資格で、認定日本語教育機関で教える場合には必須となる。登録日本語教員になるには、日本語教員試験という国家試験に合格し、実践研修を修了する必要がある。

読解 [第4章]

文章を読んでその意味を理解することを指す。一般的に文字や漢字が読めるといった表層的なことではなく、書き手が文章で書き表そうとしたことを正確に理解できているかということを指すことが多い。**圓聴解**

に

ニーズ [第2章][第5章]

日本語学習におけるニーズとは、学習者が学習を必要としている日本語のことを指す。例えば、どのような状況や場面で使う日本語を学びたいかなどである。**圓レディネス**

日本語教員試験 [第3章]

登録日本語教員という国家資格を取得するための試験であり、日本語教育を行うために必要な体系的な知識や技能を測るものである。試験は「基礎試験」と「応用試験」から構成されている。

日本語教育の参照枠 [第4章][第7章]

CEFRを参考にした日本語の習得段階に応じて求められる日本語教育の内容・方法・評価のための枠組み。共生社会の実現に向け、日本語学習者の多様な

155

日本語使用を尊重し、言語を使って「できること」に注目することで、学習者を社会的存在として捉えるという言語教育観を示したもの。　関CEFR

日本語教師　[第3章]

日本語を母語としない人たちに日本語を教える教師のこと。国語教師が教えるのは、日本語を母語とする児童・生徒であり、日本語教師とは教える対象が異なる。

日本語能力試験(JLPT)　[第4章][第7章]

日本語非母語話者の日本語能力を測る試験のうち最も大きな試験。日本国内・外で実施されている。国際交流基金と日本国際教育支援協会(JEES)が実施している。N1からN5の5つのレベルがあり、文字・語彙、聴解、読解・文法からなる。　関日本留学試験(EJU)

日本留学試験(EJU)　[第4章]

日本の大学等への留学希望者を対象とする試験。日本の大学等で必要とされる日本語力および基礎学力の評価をする。日本学生支援機構が実施している。「日本語」は読解と聴解・聴読解で400点、記述が50点の450点満点。
　関日本語能力試験(JLPT)

は

媒介語　[第6章]

言語を教える際に、学習する対象の言語(目標言語)ではなく、説明のためなどに用いられる言語。学習者の母語や共通に理解する言語が用いられる。

ひ

非母語話者　[第1章]

「生まれて初めて身につけた言葉」以外の言語を使用する話者を指す。ただし、非母語話者といっても、かなり母語話者に近い二言語話者(バイリンガル)もいれば、その国に行ったことがない外国語学習者もいる。　関母語話者

非母語話者教師　[第3章]

自分の母語と教えている言語が異なる教師のこと。例えば、日本人が英語を教えたり、中国人が日本語を教えたりする場合などである。　関母語話者教師

評価方法(テスト)　[第5章]

学習者の学習の成果を測るもの。学習した内容をどれだけ達成したかを測る「到達度評価」、ある時点での言語能力を測る「熟達度評価」がある。ペーパーテストの他、会話によるパフォーマンス評価などさまざまな方法がある。

ふ

ファシリテーター　[第13章]

活動が容易にできるよう司会進行するなど支援したり、うまく事が運ぶように理解を深め、発想を引き出したり、意見を言いやすくするなど、知識な創造活動を支援していく働きや、それを行う存在。

フィードバック　[第9章][第10章]

教室談話において教師が学習者の発話に対して行う発話のこと。学習者の誤りを訂正する「否定的フィードバック」や、「はい、いいですね」のように受け入れたり、褒めたりする「肯定フィードバック」などがある。
　関IRF, 教室談話, 訂正フィードバック

副教材　[第7章]

主教材の足りない部分を補ったり、より発展的な活動や練習をしたりするために用いられる教材。　関主教材, 補助教材

複文　[第9章][第13章]

「日本語能力を測る日本語能力試験は世界各国で実施されています。」や「明日10時から重要な会議があるので遅刻しないでください。」のように、一つの文

の中に、複数の文が含まれる文のこと。

ふり返り [第14章]

「リフレクション」「省察」「内省」とも言う。実践や観察の後に、それに基づいて考えたり、気づいたりすること。

文型ベースのアプローチ(PPP) [第11章]

学習文型の練習を繰り返すことで、正確な知識を身につけることに重きをおいたアプローチ。一般的には文型導入、機械的な文型練習、会話練習などの産出活動という流れで展開する。PPP(Presentation Practice Production)と呼ばれることもある。

㊟タスクベースのアプローチ

ほ

母語話者 [第1章]

「生まれて初めて身につけた言葉」を指す。日本であれば母語話者＝日本語話者となるのが一般的である。一方で諸外国では母語と学校教育で使用される言語が異なることも多々ある(例：フィリピンにおけるタガログ語と英語)。

㊟非母語話者

母語話者教師 [第3章]

自分の母語と教えている言語が同じ教師のこと。例えば、日本人が、日本語を教えたり、韓国人が韓国語を教える場合などである。 ㊟非母語話者教師

む

無意識の知識 [第8章]

ことばを使って説明することができない知識。狭義には、母語の文法の説明や自転車の乗り方の説明など、実践を通して体得した知識を指す。

も

目標言語 [第1章][第6章]

外国語を学習するとき、学習する対象となる言語を指す。英語教育であれば

英語、日本語教育であれば日本語になる。 ㊟教授言語

や

やさしい日本語 [第9章]

外国人が理解できるように調整された日本語のこと。災害時の情報提供で用いられる難解な日本語を見直す動きから発展し、現在では日常生活における外国人とのコミュニケーションの方法として注目されている。

り

留学生 [第2章]

外国に滞在し、学校や大学などで勉強や研究をする学生のこと。日本で勉強している留学生には、自己負担による私費留学生、政府が経済的援助をしている国費留学生、提携校からの派遣で来た交換留学生などがいる。

れ

レディネス [第5章]

学習者がどのような状況にあるかを指す。年齢・国籍・母語などの他、学習経験・能力、学習環境、学習法の好み、言語観(言語に対する考え方)・学習観(学習に対する考え方)などが含まれる。

㊟ニーズ

ろ

ロールカード [第13章]

ロールプレイでなりきる人物の役割や、場面、状況などが指示されたカードを指す。母語や、学習者にわかりやすい言葉で書く必要がある。 ㊟ロールプレイ

ロールプレイ [第9章][第15章]

実際の場面や状況を想定し、学習者が登場する人物になりきって当該場面の言語活動を演じる練習方法。

㊟ロールカード

用語集

157

付録 1 　(※ pp.42-45　課題4)

過去の日本語能力試験(2010 年の改定前の旧試験)を解いてみましょう。

◇平成 20 年度日本語能力試験 4 級　文字・語彙　問題Ⅰ問 6 11

とい6　きのうは　かんじを　二百かいも　かきました。
　　　　　　　　　　　　　　11

11 二百かい　　1　にびゃかい　　　　　　　2　にひゃかい

　　　　　　　　3　にひゃっかい　　　　　　4　にびゃっかい

◇平成 20 年度日本語能力試験 3 級　文字・語彙　問題Ⅲ 41

41 むずかしい　もんだいでしたが、_____　こたえが　わかりました。

　1　もうすぐ　　　　2　なかなか　　　　3　ちっとも　　　　4　やっと

◇平成 21 年度第 2 回日本語能力試験 2 級　読解・文法　問題Ⅵ 57

57 ちゃんと前を見て運転してよ。今、となりの車に_____よ。本当に危なかったんだから。

　1　ぶつかるところだった　　　　　　　2　ぶつかったところだ

　3　ぶつかってしまった　　　　　　　　4　ぶつかろうとした

◇平成 21 年度第 2 回日本語能力試験 1 級　読解・文法　問題Ⅲ 20

問題Ⅲ　次の(1)から(5)の文章を読んで、それぞれの問いに対する答えとして最も適当な
　　　ものを 1・2・3・4 から一つ選びなさい。

(1) 環境破壊がなぜ問題なのかというと、それによってわたしたち人間が困るからです。
「地球にやさしい」とか「地球を守れ」などといった言葉にだまされてはいけません。
地球上の生物のなかでもっとも総量が多く、なおかつあらゆる場所にはびこっているの
　　　　　　　　　　　　　　　　　　　　　　　(注1)
はおそらくバクテリアのような単細胞生物です。万一地球上の生態系がずたずたになり、
　　　　　　　　　　　　　　　　　　　　　　　　　(注2)
人間が生きていけないような環境になってもバクテリアは存在しているでしょう。また、
もうひとつ重要なのは、環境破壊を生み出しているのもわたしたち人間だということ
です。人間ほど大規模に環境を改変してしまった種は他にいません。
　　　　　　　　　　　　　(注3)

(小田亮『ヒトは環境を壊す動物である』筑摩書房による)

(注1) なおかつ:そのうえさらに

(注2) ずたずたになる:破壊されてまとまりがなくなる

(注3) 改変する:変える

【問い】　本文の内容と合っているものはどれか。　20

1　環境問題は、人間にはそれほど問題にならない。
2　環境問題は、人間にとっての問題にほかならない。
3　地球を守るために、環境を大切にしなければならない。
4　地球を守るために、人間を大切にしなければならない。

◇平成19年度日本語能力試験1級　聴解　問題Ⅰ　16

女の人と男の人が、同じ会社で働いている田中さんについて話しています。
3人は会社の中でどのような関係ですか。

女の人：佐藤さん、今日の4時からの打ち合わせだけど、田中さんは出られるの？
男の人：はい、本社での会議は1時までなので、すぐこちらへ戻れと言ってあります。
女の人：そう、じゃあ、田中さんが戻ったら、打ち合わせの前にわたしの所へ来るように伝えてくれない？
男の人：それでしたら、電話で早めに呼び戻しましょうか。彼に準備させている打ち合わせの資料もまだ上がってきていないんです。
女の人：でも、本社での会議は最後まで出てもらわないと。
男の人：分かりました。では、戻り次第、そちらへ先に伺わせます。
女の人：そうしてくれる？　こっちも急ぎだから。

（スクリプトは『平成19年度 日本語能力試験 1・2級 試験問題と正解』p.129 より）

『平成19年度 日本語能力試験 1・2級 試験問題と正解』(2008／凡人社／p.24, p.129)
『平成20年度 日本語能力試験 3・4級 試験問題と正解』(2009／凡人社／p.7, p.42)
『平成21年度 第2回日本語能力試験 1・2級 試験問題と正解』(2010／凡人社／p.42, p.100)
以上、日本国際教育支援協会、国際交流基金（編著）
『ヒトは環境を壊す動物である』小田亮（著）ちくま新書（2004／筑摩書房／pp.7-8）

付録 2 教案 1 （見本）

日時	2025 年 4 月 8 日 10 時〜10 時 45 分	対象者	初級、20 名、留学生／中、韓、米、仏、独、馬など

授業の目標	・［A たり B たり］を用いて、過去にした複数の出来事を述べることができる ・［A たり B たり］を用いて、ゴールデンウィークにしたいことを述べることができる
教師の目標	答えをすぐに提示せず、学習者から待って引き出す
新出語彙	散歩します、遊びます、旅行します、写真を撮ります…

時間	教　師	学習者	板書・メモ
10：00	●挨拶（5min） みなさん、こんにちは、お元気ですか。 元気です。昨日、髪を切りました。 どうですか？	はい、元気です。先生は？ いいですね！	
10：05	●復習：タ形（5min） みなさん、週末何かしましたか？ 誰と？／どうだった？	宮島へ行きました／カープの試合を見ました／何もしませんでした	＊新出語彙は左に板書 りょこうします(V) なにもしませんでした
10：10	●文型導入（5min） 私は土曜日、京都へ行きました。見てください（桜の写真）。 有名なお寺へ行きました。抹茶パフェを食べました。神社へ行きました。着物を着ました。おみやげを買いました。友達に会いました。鴨川を散歩しました。 **→私は京都で有名なお寺へ行ったり、着物を着たり**しました。 L1 さんは、週末うちで洗濯しました。掃除しました。中華料理を作りました。家族と電話しました。L1 さんは、うちで**中華料理を作ったり、家族と電話したり**しました。	▶たくさんの出来事の中から 2〜3 つの出来事をピックアップして述べるという機能を理解する。 ・学習者の実際の例を出して、理解を促す。 ▶「〜たり」は 2〜3 繋げて使うことが多い。	□桜の写真 □京都観光の写真 板書：わたしはきょうとでおてらへいったり、きものをきたりしました。
10：15	●文型練習（3min）	「V たり」	□動詞絵カード 行きます、食べます、散歩します、旅行します…
10：18	●産出：ペアワーク（8min） ・ワークシート①配布 ・机間巡視 ・全体フィードバック	L1：〜さんは週末何をしましたか。 L2：〜たり〜たりしました。 L1：いいですね！誰としましたか。	□ワークシート① ※自然な相槌と追加の質問 ※カテゴリーが違う二つを並べると不自然なので注意
10：26	●産出：会話練習（15min） ・案内（実物）配布 ・ワークシート②配布 みなさん、ゴールデンウィーク（連休）に何をしますか。何がしたいですか。 書いたら、ペアで話しましょう。 ・机間巡視 ※〜たり〜たりが正確に使えているか確認 ※聞き手はリアクションするよう指導 全体フィードバック（3〜4 ペアが発表）	・連休中に近くで開催されるイベントや日帰り旅行のパンフレットなどを見ながら、連休中にしたいことを複数ワークシートに書く。完成したら、ペアになって聞きあう。（ペアは自由に組む。） ゴールデンウィークに何がしたいですか。 〜たり〜たりしたいです。 ▶相槌のバリエーション いいですね！私もしたいです。一緒に行きませんか。／どこでありますか。	□パンフレット □ワークシート② ※学習者から出そうな表現 国へ帰る、家族に会う ※相槌が棒読みにならないよう注意 ※あとで何人かに発表してもらいます、と伝える
10：41	今日は［〜たり〜たり］を勉強しましたね。連休まで、漢字のテストがあったり、文法のテストがあったり、会話のテストがあったり…大変ですが、一緒にがんばりましょう！	タ形をまだ覚えていない人は自宅で復習	□宿題

160

付録 ③ 教案 2（見本）

日時	2025 年 4 月 8 日 10 時～ 10 時 45 分	対象者	初級、20 名、留学生／中、韓、米、仏、独、馬など
タスク	休日の過ごし方についてクラスメートと会話し、一緒にしないかと誘う			
教師の目標	答えをすぐに提示せず、学習者から待って引き出す			

時間	教　師	学習者	板書・メモ
10：00	●挨拶（5min） みなさん、こんにちは、お元気ですか。 元気です。昨日、髪を切りました。 どうですか？	はい、元気です。先生は？ まぁまぁだと思います。／微妙です。	
10：05	●事前タスク ＞タスクを提示する（3min） <u>休日の過ごし方についてクラスメートと 会話し、一緒にしないかと誘う</u>	意味を確認	※語彙はパワーポイントで 写真と共に提示 ＊新出語彙は左に板書 りょこうします（V） なにもしません
10：08	＞語彙提示（5min） ・語彙カード配布 映画を見る、ゴロゴロする、バイトする…	語彙カードの意味をペアで確認する、休日に自分がよくする過ごし方順にカードを並べる、ペアで見せ合う	□語彙カード
10：13	＞聴解タスク（7min）	大学生男女の休日についての会話を聞き、聞き取れた言葉をペアでシェア、内容推測	□聴解音源
10：20	●タスク実施（13min） ・カード配布（一人5枚ずつ） みなさん、ゴールデンウィーク（連休）に 何がしたいですか。 書いたら、ペアで話しましょう。 ・机間巡視 ・誤用等を板書する	・連休中に近くで開催されるイベントや日帰り旅行のパンフレットなどを見ながら、連休中にしたいことを複数カードに書く ・分からない語彙は教師に聞く （想定される会話） L1：ゴールデンウィークはどうしますか。 L2：近くの温泉へ行ったりキャンプをしたりしたいです。 L1：いいですね！私も温泉が好きです。 L2：おぉ、では一緒に行きませんか。	□白いカード □パンフレット ※自然な相槌と追加の質問 ※ペアは次々変更する どちらから誘ってもよい 興味がなければ、やんわり 断っても OK
10：33	●フィードバック（8min） ・誤用訂正	誤用例を見ながら、よりよい表現を考える	※いい表現についても紹介する
10：41	みなさん、日本人の友達とも連休について話して、ぜひ誘ってみましょう。 連休まで、漢字のテストがあったり、文法のテストがあったり、会話のテストがあったり…大変ですが、がんばりましょう！		□宿題

◆聴解スクリプト
　男：ゆきこちゃんって休みの日っていつも何してるの？
　女：うーん、買い物行ったり、ゴロゴロしたりしてる。あつしくんは？
　男：えーとバイトしたり、YouTube 見たり、んー時々マツダスタジアムに野球見に行ったりしてるかな。
　女：えー！　野球好きなの?!　私も見に行ってみたい！
　男：おお、いいね！　来週のカープと阪神の試合、チケット2枚あるから、一緒にいこうか。

◆語彙カード
　ライブへ行きます、温泉へ行きます、（スポーツ）をします、（スポーツ）を見に行きます、
　ゴロゴロします、買い物します…

著者紹介

森 篤嗣（もり あつし）[編者]

担当 はじめに, 本書の使い方, 第1章, 第4章

現職 武庫川女子大学教育学部 教授

略歴 大阪外国語大学大学院修了, 博士（言語文化学）

著書 『授業を変えるコトバとワザー小学校教師のコミュニケーション実践』（くろしお出版, 2013）, 『ニーズを踏まえた語彙シラバス』（編著, くろしお出版, 2016）など

メッセージ 授業はライブです。「伝えるのが難しいからこそ伝わるとうれしい」ということを実感してほしいと願っています。

太田 陽子（おおた ようこ）

担当 第6章, 第7章

現職 一橋大学国際教育交流センター 教授

略歴 早稲田大学大学院修了, 博士（日本語教育学）

著書 『日本語誤用辞典 外国人学習者の誤用から学ぶ日本語の意味用法と指導のポイント』（共著, スリーエーネットワーク, 2010）, 『文脈をえがく　運用力につながる文法記述の理念と方法』（ココ出版, 2014）, 『コーパスから始まる例文作り』（共著, くろしお出版, 2017）など

メッセージ 新しい出会い, 新しい疑問, 学習者とともに作る「現場」は本当に魅力的です。この本で興味をもっていただけたら, つぎはぜひ「現場」をのぞいてみてください。

奥野 由紀子（おくの ゆきこ）

担当 第12章, 第13章, 第14章, おわりに

現職 東京都立大学人文科学研究科 教授

略歴 広島大学大学院修了, 博士（教育学）

著書 『第二言語習得過程における言語転移の研究ー日本語学習者による「の」の過剰使用を対象にー』（風間書房, 2005）, 『日本語教師のためのCLIL入門』（編著, 凡人社, 2018）, 『第二言語学習の心理　個人差研究からのアプローチ』（編著, くろしお出版, 2022）など

メッセージ 日本語教師の伸びしろは大きい。年齢やキャリアに関係なく, 学習者と共に成長していけるのも魅力です。

小口 悠紀子（こぐち ゆきこ）

担当 第10章, 第11章

現職 広島大学大学院人間社会科学研究科 准教授

略歴 広島大学大学院修了, 博士（教育学）

著書 『語から始まる教材づくり』（共著, くろしお出版, 2018）, 『日本語教育へのいざないー「日本語を教える」ということ』（共著, 凡人社, 2019）など

メッセージ 「先生, 彼氏に振られました。でも授業に来ました。笑顔になれるから。」最近学習者さんに言われて嬉しかったことばです。

嶋 ちはる（しま ちはる）

担当 第 2 章, 第 3 章

現職 国際教養大学専門職大学院日本語教育実践領域 准教授

略歴 ウィスコンシン大学マディソン校大学院修了, 博士（第二言語習得）

著書 『語から始まる教材作り』（共著, くろしお出版, 2018）、『外国人看護・介護人材とサスティナビリティー持続可能な移民社会と言語政策』（共著, くろしお出版, 2018）『超基礎 第二言語習得研究』（共著, くろしお出版, 2021）など

メッセージ 言語教育のミソは、変化を続ける社会の中で多様な人々と一緒に生きていく力を身につけることではないかと思っています。どうやったらそんな力を身につけられるのか、皆さんも一緒に考えてみませんか。

中石 ゆうこ（なかいし ゆうこ）

担当 第 8 章, 第 15 章

現職 県立広島大学 大学教育実践センター 国際交流センター 准教授

略歴 広島大学大学院修了, 博士（教育学）

著書 『ニーズを踏まえた語彙シラバス』（共著, くろしお出版, 2016）、『語から始まる教材作り』（共著, くろしお出版, 2018）、『日本語の対のある自動詞・他動詞に関する第二言語習得研究』（日中言語文化出版社, 2020）など

メッセージ 日本語教室で出会った人たちが教室の外でも交流を続けていると聞くことがあります。そういう時、日本語教師って幸せだなと感じます。

栁田 直美（やなぎだ なおみ）

担当 第 5 章, 第 9 章

現職 早稲田大学大学院日本語教育研究科 教授

略歴 筑波大学大学院修了, 博士（言語学）

著書 『接触場面における母語話者のコミュニケーション方略－情報やりとり方略の学習に着目して－』（ココ出版, 2015）、『語から始まる教材づくり』（共著, くろしお出版, 2018）、『〈やさしい日本語〉と多文化共生』（共編著, ココ出版, 2019）など

メッセージ さまざまなルーツを持つ学習者が日本語を使ってコミュニケーションしている姿を見ると、うれしくてたまりません。日本語教育を通して、そんな気持ちをぜひ味わってください。

おわりに

　日本語教育の現場の楽しさ、面白さに魅せられた私たちは、日本語教育に関心を持った方が、出来るだけ早い時期に現場を体験し、その魅力に気づいていただけたらと、日本語教育のイロハから、実習・模擬授業までが経験できる本を執筆しました。そのため、本書全体を通して「タスクベース」に近い協働学習を意識した本の構成となりました。本書は大学での授業はもちろん、日本語教育に興味・関心を持ち始めたばかりの方や、ボランティアで日本語を教えてみたいと思った方にも「日本語教育とはどんなものか?」ということを知る手がかりになるかと思います。

　本書の中では、日本語教師を役者や演出家に例えていましたが、日本語教育に興味のある方は旅や読書が好きな方も多いのではないでしょうか。異なる世界や新しい知見を知りたいという好奇心、その土地の人と交流する楽しみ、次々と新しい疑問が湧き、学びたいという気持ちが高まる喜び、そのようなことが日々の教室の中で見出すことができる日本語教育はそのような旅人にぴったりの世界です。本書を執筆した私たちもまた旅人です。今回は、少しだけ旅を先に経験したガイドになったつもりで、みんなであれやこれや知恵を絞りながら、日本語教育の魅力を伝えるべく本書を執筆しました。多文化共生社会であることが当たり前の時代、社会の中で、力を合わせて一緒に旅する仲間が 1 人でも増えてほしいと心から願っています。

　2019 年刊行の初版本は 1 年間の試用を経て出版に至り、本書はその改訂版です。試用版による授業を実際に体験して有益なご意見をくださった県立広島大学、首都大学東京、京都外国語大学の受講生のみなさま、試用版を用いて授業をしてくださった首都大学東京の呉佳穎さまにこの場を借りて御礼申し上げます。

　また、本書の出版に当たっては、くろしお出版の市川麻里子さん，金髙浩子さんに企画から構成に至るまで大変お世話になりました。改めて御礼申し上げます。

　そして、本書を手にとってくださったみなさま、授業に採用くださったみなさまに感謝申し上げます。本書が日本語教育への足場かけとしてお役に立てたら幸いです。

2025 年 2 月
筆者一同

■ 本文イラスト
村山宇希

■ 装丁デザイン
工藤亜矢子（OKAPPA DESIGN）

超基礎・日本語教育 ［改訂版］

2019年 6月 9日　初版 発行
2025年 2月10日　改訂版 第1刷 発行

［編著者］	森篤嗣
［著者］	太田陽子・奥野由紀子・小口悠紀子・嶋ちはる・中石ゆうこ・栁田直美
［発行人］	岡野秀夫
［発行所］	くろしお出版
	〒102-0084　東京都千代田区二番町4-3
	tel : 03·6261·2867　　　fax : 03·6261·2879
	URL : http://www.9640.jp　mail : kurosio@9640.jp
［印刷］	シナノ書籍印刷株式会社

Ⓒ 2025 Atsushi Mori, Yoko Ota, Yukiko Okuno, Yukiko Koguchi, Chiharu Shima,
　　Yuko Nakaishi, Naomi Yanagida
ISBN 978-4-801110-01-4　C1081

乱丁・落丁はお取り替えいたします。**本書の無断転載・複製・複写（コピー）・翻訳を禁じます。**